すぐに役立つ

◆相続法改正対応！◆

入門図解 **相続・遺言・遺産分割の法律と手続き 実践文例82**

認定司法書士 **松岡 慶子** 監修

三修社

本書に関するお問い合わせについて
　本書の記述の正誤、内容に関するお問い合わせは、お手数ですが、小社あてに郵便・ファックス・メールでお願いします。お電話でのお問い合わせはお受けしておりません。内容によっては、ご質問をお受けしてから回答をご送付するまでに1週間から2週間程度を要する場合があります。
　なお、本書でとりあげていない事項や個別の案件についてのご相談、監修者紹介の可否については回答をさせていただくことができません。あらかじめご了承ください。

はじめに

　相続問題は遠い世界の話ではありません。「死」は社会的地位や財産などに関係なく、すべての人に平等に訪れるものだからです。2017年版高齢社会白書によると、我が国の高齢化率は27.3％にも上っています。団塊の世代が高齢者の仲間入りを果たし、超高齢社会に突入したといわれた2007年から、さらに６％も高齢化が進んでいることがわかります。内閣府によれば、今後も高齢者の人口は増加し、2025年には高齢化率は30％に到達し、65歳以上の人口は3600万人を超え、約2100万人もの人口が75歳以上の社会が訪れることが予想されています。

　相続は、家族の確執を浮き彫りにする事象でもあります。相続財産をめぐって、亡くなった人の生前の家族関係や経済状況、残された家族の価値観や欲望、嫉妬など、水面下にあったさまざまな事情が一気に噴出してくるからです。このような事態に巻き込まれないようにするためには、財産を残す側も、受け取る側も相続にまつわる一定の法律知識を習得して、事前に準備、対策をしておくことが重要になります。

　本書では、相続分や遺産分割、遺言など相続のしくみについて図解を豊富に盛り込み、わかりやすく解説しました。配偶者居住権をはじめ、相続人以外の一定の親族に認められる特別寄与料の請求、遺留分侵害額請求など、2018年度の相続法の改正で新設された制度や改正点についても、丁寧に解説しています。また、要件が緩和された自筆証書遺言を含む遺言書や、内容証明郵便、相続登記申請にそのまま利用できる書式なども、多様なニーズを考慮して多数掲載し、手続きをスムーズに進めることができるようになっています。

　本書が、財産を残す立場の方の思いを実現できる相続手続きの一助となれることを切に願っております。

　　　　　　　　　　　　　監修者　　認定司法書士　　松岡　慶子

Contents

はじめに

第1章　遺言がある場合の相続手続き

1 遺言書の役割について知っておこう　　12
2 相続法改正で何が変わるのか　　16
3 遺言の種類について知っておこう　　23
　　参考　遺言公正証書　　28
4 遺贈と相続の違いについて知っておこう　　30
5 遺言書を書くときの注意点について知っておこう　　37
6 代筆や文字の判読、日付の記載、訂正をめぐる問題について知っておこう　　44
7 法律上の形式に反する遺言の効力について知っておこう　　51
8 遺言執行者について知っておこう　　54
Column　特別縁故者とは　　56

第2章　相続分のルールとケース別早わかり

1 相続分は遺言で変えられる　　58
2 相続欠格や廃除について知っておこう　　64
3 相続放棄について知っておこう　　66
4 相続の承認について知っておこう　　70
5 特別受益を受けると相続分はどう変わるのか　　73
6 寄与分を受けると相続分はどう変わるのか　　76
7 遺留分について知っておこう　　79
8 遺留分が侵害された場合や遺留分の放棄について知っておこう　　82

ケース別　相続分早わかり

Case 1	被相続人に先妻と後妻がいて、どちらにも子がいるケース	87
Case 2	妻と兄弟姉妹がいる上に、妻が妊娠中のケース	87
Case 3	妻と子が相続するケース	88
Case 4	親・妻・子が残されたというケース	88
Case 5	妻と親が相続するケース	89
Case 6	妻と兄弟姉妹が相続するケース	89
Case 7	子だけが相続するケース	90
Case 8	親だけが相続するケース	90
Case 9	兄弟姉妹だけが相続するケース	91
Case10	子と兄弟姉妹がいるケース	91
Case11	親と兄弟姉妹がいるケース	92
Case12	子と親がいるケース	92
Case13	孫が子を代襲相続するケース	93
Case14	妻と実子と養子がいるケース	93
Case15	妻と子と相続放棄した子がいるケース	94
Case16	内縁の妻と認知された子がいるケース	94
Case17	妻と子と養子に出した子がいるケース	95
Case18	妻と子と嫁に出した娘がいるケース	95
Case19	妻と娘と養子である娘むこがいるケース	96
Case20	孫だけが相続するケース	96
Case21	子と妻の連れ子がいるケース	97
Case22	養親と実親がともに相続するケース	97
Case23	兄弟姉妹とおい・めいが相続するケース	98
Case24	胎児が代襲相続するケース	98
Case25	親子が同時に死亡したケース	99
Case26	子の1人に相続分の指定があるケース	99

Case27	遺留分を侵害する相続分の指定があるケース	100
Case28	遺留分を侵害する遺贈があるケース	100
Case29	相続人が１人もいないまま死亡したケース	101
Case30	子どもがいるができるだけ多く妻に相続させたいケース	101
Case31	養子がいても実子だけに全財産を相続させたいケース	102
Case32	家族経営の製造会社を後継者に譲るケース	102

第3章　トラブルを解決する遺言記載例

記載例1	配偶者に自宅以外の財産を多く遺したい場合の遺言書	104
記載例2	夫婦２人暮しで子がいない場合の遺言書	105
記載例3	居住マンションしかめぼしい財産がない場合の遺言書	106
記載例4	認知症の妻に土地と家を遺したい場合の遺言書	107
記載例5	遺留分を侵害する場合の遺言書	108
記載例6	相続財産の中に寄与分がある場合の遺言書	109
記載例7	妻に不動産、子に金銭を相続させたい場合の遺言書	110
記載例8	損害賠償債権を相続させたい場合の遺言書	111
記載例9	遺産分割の際のトラブルが予想される場合の遺言書	112
記載例10	内縁の妻がいる場合の遺言書	113
記載例11	離婚調停中の配偶者に相続させたくない場合の遺言書	114
記載例12	全財産を長男に相続させたい場合の遺言書	115
記載例13	特定の者に遺留分を放棄してもらいたい場合の遺言書	116
記載例14	未成年者の子どもに財産を遺したい場合の遺言書	117
記載例15	成人した２人の子それぞれに財産を遺したい場合の遺言書	118
記載例16	胎児に財産を遺したい場合の遺言書	119
記載例17	特別養子に財産を遺したい場合の遺言書	120
記載例18	特別受益がある場合の遺言書	121
記載例19	後妻の子に多くの財産を相続させる場合の遺言書	122

記載例20	先妻の子と後妻との相続争いを避けたい場合の遺言書	123
記載例21	妻の連れ子にも相続させたい場合の遺言書	124
記載例22	子に財産を遺したくない場合の遺言書	125
記載例23	実親に財産を遺したい場合の遺言書	126
記載例24	兄弟姉妹に財産を遺したい場合の遺言書	127
記載例25	兄弟姉妹に財産を遺したくない場合の遺言書	128
記載例26	親のいない孫に財産を遺したい場合の遺言書	129
記載例27	愛人に財産を遺したい場合の遺言書	130
記載例28	愛人の子に特定の財産を遺したい場合の遺言書	131
記載例29	おいやめいに財産を相続させたい場合の遺言書	132
記載例30	自分より先に妹が死亡した場合に妹の子に財産を遺す場合の遺言書	133
記載例31	生前世話になった息子の妻に財産を遺したい場合の遺言書	134
記載例32	親の後妻に財産を遺したい場合の遺言書	135
記載例33	生前恩を受けた人にも財産を贈りたい場合の遺言書	136
記載例34	推定相続人を廃除する場合の遺言書	137
記載例35	廃除を取り消して財産を遺す場合の遺言書	138
記載例36	妻の再婚相手には財産を渡したくない場合の遺言書	139
記載例37	行方不明者に相続させたくない場合の遺言書	140
記載例38	現在の妻に先妻の子の世話を頼みたい場合の遺言書	141
記載例39	子に妻の老後の世話を頼みたい場合の遺言書	142
記載例40	妻の扶養を長男に託したい場合の遺言書	143
記載例41	相続財産の中に借金がある場合の遺言書	144
記載例42	特定の者に借入金の債務と抵当権を相続させる場合の遺言書	145
記載例43	相続人の1人に財産の担保責任を負わせる場合の遺言書	146
記載例44	祭祀承継者を指定する場合の遺言書	147
記載例45	子の未成年後見人を指定する場合の遺言書	148

記載例46	債務の免除をしたい場合の遺言書	149
記載例47	第三者に遺産分割方法の指定を委託する場合の遺言書	150
記載例48	遺産分割を禁止する場合の遺言書	151
記載例49	遺言執行者を指定する場合の遺言書	152
記載例50	複数の遺言執行者を選任したい場合の遺言書	153
記載例51	遺言執行者の報酬を決めておく場合の遺言書	154
記載例52	生命保険金の受取人を変えたい場合の遺言書	155
記載例53	相続人のいない者が遺贈する場合の遺言書	156
記載例54	遺言で一般財団法人を設立するよう指示する場合の遺言書	157
記載例55	公益法人などに財産を寄付したい場合の遺言書	158
記載例56	財産の信託をする場合の遺言書	159
記載例57	永代供養を受けられるように信託する場合の遺言書	160
記載例58	会社後継者を指名したい場合の遺言書	161
記載例59	事業承継について指示する場合の遺言書	162
記載例60	有能な従業員に遺贈したい場合の遺言書	163
記載例61	農地の単独相続を指示する場合の遺言書	164
記載例62	ペットの世話を頼む場合の遺言書	165
記載例63	死後、遺族にしてほしいことを伝える場合の遺言書	166

第4章　遺産分割のしくみと相続開始後の手続き

1	遺産の範囲について知っておこう	168
2	配偶者の居住権について知っておこう	170
3	預金口座をめぐる法律問題について知っておこう	176
4	遺産分割前に処分された財産の取扱いについて知っておこう	180
5	株式や生命保険金、退職金などの請求や手続きについて知っておこう	182

6	遺言書の検認手続きについて知っておこう	185
7	遺産分割手続きの流れをつかもう	188
8	遺産分割の方法について知っておこう	191
9	遺産分割協議の流れについて知っておこう	196
10	遺産分割協議がまとまらない場合はどうしたらよいのか	200
11	内容証明郵便の書き方、出し方について知っておこう	204
記載例1	ある相続人から他の相続人に対する遺産分割協議の申入書	206
記載例2	妻が夫の愛人から遺産の一部を取り戻す場合の請求書	207
記載例3	遺言執行者から遺贈を受けた者に遺贈条件の履行を促す請求書	208
記載例4	分割がすんでいない遺産の処分差止請求書	209
記載例5	銀行に対する相続した預貯金債権の仮払い請求書	210
記載例6	生存配偶者の短期居住権を理由として受遺者の退去請求を拒否する通知書	211
記載例7	相続人以外の親族による特別の寄与を理由とする金銭の支払請求書	212
12	遺産分割以外の相続トラブルの解決策を知っておこう	213
	書式 遺産分割調停申立書	216
13	家庭裁判所の手続きが必須の相続手続きもある	218
	書式 相続放棄申述書（20歳以上）	219

第5章　相続登記の手続き

1	相続登記について知っておこう	222
2	相続登記申請時にはどんな書類を提出するのか	224
3	相続登記の登記原因証明情報について知っておこう	226
4	相続に関する登記申請書類はどのように作成するのか	230
	書式 相続した場合の登記申請書	232
	書式 遺産分割協議書	233

| | 書式 | 相続関係説明図 | 234 |
| | 書式 | 相続分皆無証明書 | 234 |

5 申請書類の綴じ方や補正について知っておこう　235
6 法定相続情報証明制度について知っておこう　237
Column　所有者がわからない土地などの登記義務　240

第6章　贈与のしくみと手続き

1 贈与契約にはどんな種類があるのか　242
2 生前贈与の登記手続きについて知っておこう　245
3 遺贈の登記手続きについて知っておこう　247
　書式　遺贈による所有権移転登記申請書（遺言執行者がいる場合）　249
　書式　遺言書（遺言執行者を選任する場合）　250
　書式　遺贈による所有権移転登記申請書（遺言執行者がいない場合）　251
　書式　遺言書（遺言執行者の選任がない場合）　252
4 死因贈与の登記手続きについて知っておこう　253
　書式　死因贈与が行われた場合の登記申請書　254
　書式　死因贈与契約書　255

第1章

遺言がある場合の
相続手続き

1 遺言書の役割について知っておこう

トラブル予防のために遺言書の作成は大切

■■ 遺言書は法的な効力を持つ

　遺書には法的な効力がなく、遺言書には法的な効力があります。遺書は、家族などへのメッセージにはなりますが、たとえば、「妻に全財産を譲る」と書いても法的な効力はありません。一方、**遺言書**は、法的な効力を持つ公式な書類です。代表的な遺言として自筆証書遺言、公正証書遺言、秘密証書遺言の3種類があります。

　遺言書がないと、遺産相続の手続きの中で最も難しい遺産分割協議をする必要が出てきます。遺産分割協議をする際、死亡した人（被相続人）の財産や負債をすべて明らかにする必要がありますが、これが思ったよりも重労働になる可能性があります。遺産相続に必要な書類を集めるのに一苦労する場合があります。

　また、「法律どおりに財産を分ければ問題は起こらないはずだ」という考え方もありますが、不動産や自動車などのように、遺産の中身によっては簡単に分割できない場合も少なくありません。

　そして、何よりも問題になるのは、遺産分割協議における相続人同士の話し合いです。お金がからむことですから、どんな争いが起こるか想像がつきません。どうしても話し合いで決着がつかない場合は、家庭裁判所の調停（裁判官1名と家事調停委員2名の下で相続人同士が話し合う手続き）に持ち込むことになり、それでも決着がつかなければ、家庭裁判所の審判（裁判官が一定の判断を示す手続き）に移行します。こうなると家族の絆も何もあったものではありません。残された家族には、一生消えないしこりが残ることになるでしょう。

　遺言書を作成することによって、被相続人が自らの意思を明確にし

ておけば、このようなトラブルを未然に防ぐことも可能なのです。

■■ 遺言書の作成と税金

　遺言は、「年をとってから作ればよい」と考えがちですが、満15歳以上であれば、1人で遺言をすることが認められるため、早くから準備をすることも可能です。また、遺言書の作成により、直ちに「財産が使えなくなる」「税金が課される」といったことにはなりません。遺言書を書いただけであれば、税金は一切かかりません。後になって相続税の支払いが必要になることはありますが、相続税は、あくまで相続を受けた時点で相続人にかかるものです。

■■ 遺言が優先するのが原則

　相続といえば、民法が定める法定相続分が原則と考えている人が多いようですが、それは誤解です。遺言による相続の指定がないときに限って、法定相続分に関する民法の規定が適用されます。つまり、遺言者の意思を尊重するため、民法は遺言による相続を優先させています。遺言では相続分の指定だけでなく、遺産分割の方法を指定したり、相続人の資格を失わせる（廃除）こともできます。

　このように、遺言の中でとくに重要となるのは、遺産相続に関する事柄です。この他、子を認知することや、未成年後見人を指定することも、遺言によって行うことができます。これらの事柄を記載した遺言は「法律上の遺言」として、法的効力が認められます。しかし、「兄弟仲良く暮らすように」「自分の葬式は盛大にやってくれ」などという遺言を書いたとしても、法律上は何の効力もありません。

■■ 遺言できる内容は

　遺言による相続の指定は、法定相続分による相続よりも優先されますが、その他にも以下の事項を遺言により行うことができます。

① **財産処分**

　法定相続人がいるとしても、相続人以外の人に遺産をすべて遺贈（寄附）することができます。相続人の遺留分（79ページ）について遺留分侵害額請求権（相続法改正前の遺留分減殺請求権に相当）を行使される可能性はありますが、遺言それ自体は無効になりません。

② **推定相続人の廃除または廃除の取消**

　遺言で推定相続人の廃除（64ページ）やその取消の請求を行うことができます。ただし、遺言執行者が家庭裁判所に相続廃除やその取消を請求するので、遺言で遺言執行者を選任することも必要です。

③ **認知**

　認知とは、非嫡出子（60ページ）との間に法律上の親子関係を創設することです。遺言による認知も可能ですが、認知の届出は遺言執行者が行うので、遺言で遺言執行者を選任することも必要です。

④ **後見人および後見監督人の指定**

　子が未成年者の場合、最後に親権を行う被相続人は、遺言により被相続人が信頼している人を後見人や後見監督人に指定できます。

⑤ **相続分の指定または指定の委託**

　民法が定めている各相続人の法定相続分は、遺言でのみ変更が可能です（相続分の指定）。遺留分の規定に反することはできませんが、これに反していても遺言それ自体は無効になりません。相続分の指定を第三者に委託することも可能です。

⑥ **遺産分割方法の指定または指定の委託**

　あらかじめ遺言で指定をしておくこともできます。

⑦ **遺産分割の禁止**

　遺産分割をめぐり相続人間でトラブルになりそうな場合は、遺言により5年以内に限って遺産分割を禁止することができます。

⑧ **相続人相互の担保責任の指定**

　各相続人は、他の相続人に対して、公平な相続財産の分配を行うた

めに、相続分に応じて担保責任（ある相続人の相続財産に欠陥、数量不足、一部滅失などの問題がある場合に他の相続人が負う責任のこと）を負います。しかし、この担保責任を一切負わないとするなど、相続人が負う担保責任の内容を遺言によって変更することができます。

⑨ **遺言執行者指定または指定の委託**

遺産の登記手続きなど遺言の内容を確実に実行するための遺言執行者を遺言で指定できます。遺言で認知を行うか、廃除やその取消を行う場合は、遺言執行者を指定することが必要です。

⑩ **遺留分侵害額請求権の行使方法の指定**

兄弟姉妹以外の相続人には遺留分が認められます。贈与や遺贈が遺留分を侵害する場合、遺留分権利者は、遺留分侵害額請求権（相続法改正前の遺留分減殺請求権に相当）を行使できますが、特定の贈与や遺贈を自由に選択して行使することまでは認められていません。

つまり、遺留分侵害額請求権は「遺贈→贈与」の順序で行使することになっていますので（82ページ）、遺言でこの順序自体を変更することはできません。ただし、遺贈が複数ある場合に、どの遺贈から先に行使すべきかを遺言で指定することは認められています。

■ **遺言できる行為**

①	財産処分	⑥	遺産分割方法の指定・その委託
②	推定相続人の廃除・取消	⑦	遺産分割の禁止
③	認知	⑧	相続人の担保責任の指定
④	後見人・後見監督人の指定	⑨	遺言執行者の指定・その委託
⑤	相続分の指定・その委託	⑩	遺留分侵害額請求権の行使方法の指定

※信託（信託法3条2項）や財産の拠出（一般法人法158条2項）も可能です。

2 相続法改正で何が変わるのか
相続における生存配偶者の保護が重視されている

■ 相続法改正の全体像

　2013年9月の最高裁大法廷決定は、民法の相続編に関する重要な変化のきっかけを与えることになりました。最高裁は、非嫡出子の相続分に関する従来の民法の規定が、憲法に違反するとの結論を示しました。この決定を受けて民法の条文が改正され、現在、嫡出子と非嫡出子の相続分における違いは存在しません。

　また、長らく「配偶者を保護するための措置も併せて講ずべきではないか」といった問題提起もなされていました。とくに近年では高齢者社会の進展により老老相続が増加し、高齢となりがちな生存配偶者の生活に配慮する必要性が高まっています。

　2018年7月6日に、相続に関する民法などの改正案が成立しました。これを**相続法改正**と呼んでいます。今回の相続法改正では、①生存配偶者の居住権に関する制度の創設や持戻し免除の意思表示の推定規定の新設の他、②預貯金の仮払い制度の創設など遺産分割制度の見直し、③自筆証書遺言の方式緩和や保管制度の創設などの遺言制度に関する見直し、④遺留分減殺請求の効力や遺留分の算定方法の見直し、⑤相続における権利義務の承継の見直し、⑥相続人以外の者の貢献を考慮する方策、という主に6項目において重要な改正が盛り込まれています。自筆証書遺言の方式緩和は**2019年1月13日**に施行されますが、その他の改正は、遅くとも**2020年7月**までに**施行**されます。

■ 配偶者の保護に関する改正について

　相続法改正では、配偶者を保護する制度として、①生存配偶者の居

住権が創設された他、②婚姻期間が20年以上の夫婦間での贈与・遺贈について持戻し免除の意思表示を推定する規定が新設されました。

① 　生存配偶者の居住権

自宅以外に目立った相続財産がない場合、遺産分割に際し、生存配偶者が自宅を引き払い新たな住居を探さなければならない、という精神的・肉体的に過度な負担を強いられるおそれがあります。

そこで、生存配偶者の居住権を短期的な居住権（配偶者短期居住権）と長期的な居住権（配偶者居住権）に分けて、生存配偶者の居住権を認める制度が創設されました。

・配偶者短期居住権

配偶者短期居住権とは、相続開始時に、被相続人所有の居住建物に無償で居住していた生存配偶者が、一定期間に限り、その建物に無償で住み続けることができる権利のことです。かつては、相続開始時点

■ **生存配偶者の居住権の保障**

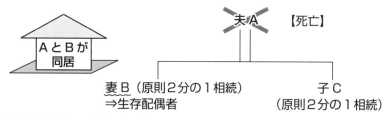

【生存配偶者の居住権の保障】
　☆配偶者短期居住権：遺産分割により居住建物の帰属が確定する日または相続開始時から6か月を経過する日のいずれか遅い日まで、引き続き居住建物を無償で使用することが保障される（遺言などがない場合）
　☆配偶者居住権　　：遺産分割成立後や遺言があった場合などを想定して、相続開始の時に居住していた被相続人所有の建物に、原則として終身（遺産分割や遺言などで短い期間を定めることはできる）にわたり、居住建物の使用を認める権利が保障される

で、生存配偶者が被相続人の所有する建物に居住していた場合には、被相続人と生存配偶者との間で、使用貸借契約が存在したものと推認（推測して認定すること）して、生存配偶者の居住を保護しようと試みてきました。しかし、この方法では、被相続人が、生存配偶者が建物を使用することに反対の意思表示を示していた場合に、生存配偶者の生活の基盤である建物への居住を保護することが困難でした。

そこで、配偶者短期居住権では、遺言や死因贈与がない場合は、遺産分割により誰が居住建物を取得するかが確定した日、または相続開始時から6か月が経過する日、のうちどちらか遅い日までの期間、引き続き生存配偶者が居住建物を無償で使用することを保障します。

これに対して、遺言や死因贈与で生存配偶者以外の者が居住建物を取得した場合は、その建物取得者が配偶者短期居住権の消滅を申し入れた日から6か月が経過する日までの期間、配偶者短期居住権が保障されますので、その間は無償で居住建物に住み続けることができます。

・配偶者居住権

配偶者居住権とは、相続開始時に被相続人の所有する建物に居住していた生存配偶者が、原則として自らが死亡するまでの間、その居住建物に無償で住み続けることができる権利のことをいいます。

生存配偶者が居住建物に住み続けることを望む場合、遺産分割などで所有権を取得するのが一般的です。ただ、財産的価値の高い居住建物を取得すると、現金や預貯金の取り分が少なくなって、生活が苦しくなるという問題があります。居住権であれば所有権よりも評価額が下がるので、現金や預貯金の取り分が増えます。つまり、生存配偶者が生涯にわたり安心して居住建物に住み続けるために創設されたのが配偶者居住権です。ただし、配偶者居住権を取得するのは、ⓐ遺産分割で配偶者居住権を取得したとき、ⓑ配偶者居住権が遺贈の目的とされたとき、ⓒ被相続人と生存配偶者との間に配偶者居住権を取得させる内容の死因贈与契約があるときに限られることに注意を要します。

② 遺産分割における配偶者の保護

　被相続人から配偶者への遺贈や贈与は「特別受益」として、その受益額を、相続開始時点で被相続人が実際に持っていた相続財産に加えるという処理（これを**持戻し**といいます）を行い、各相続人の具体的な相続分が算出されます。これは相続人間の公平を図る趣旨ですが、被相続人からの遺贈や贈与によって居住不動産を取得した生存配偶者が、生活資金となる現金や預貯金を相続できなくなり、生活が苦しくなることが少なくありません。

　そこで、相続法改正では、婚姻期間が20年以上の夫婦の間でなされた遺贈または贈与のうち居住不動産（居住建物と敷地）については「持戻し免除の意思表示」があったものと推定することで、生存配偶者の生活の安全を保障しようとしています。

　本来であれば、生存配偶者に遺贈などがなされた居住不動産についても、その他の相続財産に追加して（持戻しによって）、相続財産の対象になるのが原則です。

　しかし、生存配偶者は、被相続人の生前において、長年にわたってさまざまな点で被相続人に貢献してきたと考えられ、また、生存配偶者の老後の生活保障の一端として、居住用不動産については、生存配偶者が被相続人の死亡後も安心して使用し続けることができる環境を整えることが望ましいことから、相続財産の対象から居住用不動産を外すという取扱い（持戻しが行われないということ）が認められます。

　これによって、本来であれば、実際の相続分の計算において、持戻しが行われた場合には、その居住用不動産の価額が、生存配偶者の相続分から控除され、その他に相続できる財産の価額が少額になってしまう恐れがありますが、居住用不動産が相続財産の対象から外されることで、生存配偶者は、居住用不動産に関係なく、その他の相続財産を相続することが可能になります。

■ その他の改正について

 今回の相続法改正は、生存配偶者の保護措置が中心になっていますが、それ以外にも、以下の主要な改正点をおさえておく必要があります。

① **遺産分割制度の見直し**

 相続法改正では、相続人の利便性を図るため、預貯金の仮払い制度の創設と、遺産の一部分割に関する明文規定を置いた上で、遺産分割協議が調わない場合は家庭裁判所に一部分割を請求できるとする規定を設けるなど、遺産分割制度も大きく見直されています。

 とくに預貯金債権については、遺産分割の対象に含まれるとした最高裁大法廷決定の登場も影響して、銀行などの金融機関は、遺産分割協議終了まで預貯金債権の払い戻しに応じないという運用を行っています。しかし、遺産分割協議終了前であっても、相続人が被相続人の葬祭費用などとして預貯金債権の払い戻しを必要とする場面がありますが、原則として、遺産分割協議終了まで相続人が払い戻しを受けられない点が問題でした。相続法改正では、口座ごとに「預貯金債権額×自己の法定相続分×3分の1」という上限はありますが、遺産分割協議終了前であっても、相続人が単独で、被相続人の預貯金債権の払い戻しを受けることが可能になりました（預貯金の仮払い制度）。

② **遺言制度に関する見直し**

 改正前は、自筆証書遺言を行おうとする場合、すべての事項を自筆で書かなければならない他、相続開始後に家庭裁判所の検認を受ける必要があるなど方式（様式）が厳格であるため、利用しにくいという問題点がありました。相続法改正では、自筆証書遺言の一部について自筆以外の記載を認めるなど方式を緩和するとともに、自筆証書遺言の保管制度を創設して、利用しやすくするしくみが整えられました。

 自筆証書遺言の保管を担うのは法務局です。法務局は、自筆証書遺言の原本を保管するとともに、画像データとしても保管を行い、相続開始後に、相続人から自筆証書遺言書の閲覧や交付の請求が行われた

場合には、自筆証書遺言の写しが交付されることになります。そして、特定の相続人から、自筆証書遺言の写しの交付請求が行われた時点で、法務局からその他の相続人に対して、自筆証書遺言が保管されていたことが通知されるしくみになっています。自筆証書遺言の保管制度が整えられることで、自筆遺言証書の紛失や、特定の相続人による隠匿などを防止できるとともに、遺言書の存在を把握することも容易になり、その後の相続手続を円滑に進められます。

③ 遺留分制度に関する見直し

遺贈や贈与（生前贈与）により遺留分を侵害された兄弟姉妹を除く相続人は、自らの遺留分の保護を求めることができます。改正前は、遺留分を守るための手段である遺留分減殺請求権を行使すると、遺贈や贈与が遺留分を侵害する限度で失効する結果、遺留分減殺請求権を行使した人と遺贈や贈与を受けた人との間で、遺贈や贈与の目的とされていた財産の共有関係が生じました。そのため、土地や建物といった分割しにくい財産に共有関係が生じれば、その分割について争いが起こり、訴訟に発展することも少なくありませんでした。

相続法改正では、遺留分権利者は、受遺者や受贈者に対し、現物返還は請求できず、遺留分侵害額に相当する金銭の支払いを請求できることにしました。この変更に伴い、遺留分を守るための手段が「遺留分減殺請求権」から「遺留分侵害額請求権」に名称が変更されました。この他、相続人に対する贈与の取扱いを変更するなど、遺留分の算定方法の見直しも行われています。

④ 相続の効力等に関する見直し

改正前は、相続人がその法定相続分を超えて財産（不動産、動産、債権など）を取得した場合、その取得を第三者に主張するために対抗要件（たとえば不動産であれば登記）を要するかどうかが必ずしも明らかではなく、判例の解釈に基づき、取得方法によって取扱いが異なっていました。相続法改正では、どのような形で財産を取得したか

を問わず、法定相続分を超える財産の取得については、たとえば不動産であれば登記などの対抗要件を備えていなければ、第三者に対して、財産を取得したことを主張できないと明文で規定されました。また、相続による義務の承継については、遺言により相続分の指定がされた場合であっても、相続債権者は、法定相続分に従って、各相続人に返済を請求できることが明文で規定されました。

⑤ 相続人以外の親族（特別寄与者）の貢献を考慮する方策

　相続財産の維持や増加に貢献した（寄与といいます）相続人は、自身の本来の相続分に、寄与分を加えて相続することが可能です。

　しかし、寄与分は相続人のみに認められるため、たとえば、相続人の妻（親族）が被相続人の療養看護に努めたとしても、寄与分として考慮されません。とくに、被相続人の死亡時に、相続人がすでに亡くなっている場合、その配偶者は、被相続人の死亡によっても、相続人を通じて財産を相続することが一切できないので、被相続人の療養看護に勤めていた時に、ますます不公平感は大きくなっていました。

　相続法改正では、相続人以外の親族が無償で、療養看護や労務の提供により被相続人の財産の維持または増加に貢献したときは、相続人に対し特別寄与料を請求できるとする規定が設けられました。

■ 相続人以外の親族（特別寄与者）の貢献を考慮する方策 ………

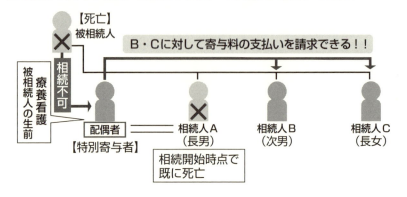

3 遺言の種類について知っておこう

公正証書遺言作成のためには費用がかかる

■ 普通方式の遺言には3種類ある

　遺言には、普通方式と特別方式がありますが、一般的には普通方式によることになります。普通方式の遺言は、自分でいつでも自由に作成できます。一方、特別方式の遺言は、「死期が迫った者が遺言をしたいが普通方式によっていたのでは間に合わない」といったケースで認められる遺言です。具体的には、死亡の危急に迫った者の遺言、伝染病隔離者の遺言、在船者の遺言、船舶遭難者の遺言があります。

　普通方式の遺言には、自筆証書遺言、公正証書遺言、秘密証書遺言の3つがあります。実務上、秘密証書遺言はほとんど利用されていません。そのため、遺言書の作成は、自筆証書遺言か公正証書遺言によることになります。

① 自筆証書遺言

　遺言者自身が自筆で遺言の全文・日付・氏名を書き、押印した遺言書です。他人の代筆やパソコンで作成したものは無効です。なお、相続法改正により、自筆証書遺言に添付する相続財産の目録は自筆を要しないことになりました（48ページ）。

② 公正証書遺言

　遺言者が証人2人の立ち会いの下で口述した内容を、公証人が筆記し、遺言者と証人が承認した上で、全員が署名・押印して作成したものです。手続きに不備があると無効になります。

■ 公正証書遺言を作りたいときは

　公正証書とは、公証人という特殊の資格者が、当事者の申立てに基

づいて作成する文書で、一般の文書よりも強い法的効力が認められています。公証人は、裁判官・検察官・弁護士などの法律実務経験者や一定の資格者の中から、法務大臣によって任命されます。

公正証書遺言は、遺言者が公証役場に行き、公証人に対して直接遺言を口述して遺言書を作成してもらいます。公正証書遺言の原本は、原則として作成時から20年間、公証役場で保管されます（実際には遺言者が120歳に達するまで保管する公証役場が多いとされています）。

公正証書遺言の作成は、まず証人2人以上の立会いの下で、遺言者が遺言の趣旨を公証人に口述します。遺言者に言語機能の障害がある場合は、通訳または筆談によって公証人に伝えます。公証人はその口述を筆記し、遺言者と証人に読み聞かせ、または閲覧させます。そして、遺言者と証人は、正確に筆記されていることを承認した上で、署名押印します。このように、公正証書遺言の場合、立ち会った証人に遺言の内容を知られてしまうことになります。この点はあらかじめ注意しておく必要があるでしょう。

最後に、公証人が正しい方式に従った遺言であることを付記して、署名押印します。遺言者が署名できないときは、公証人はその旨を付記して署名に代えることもできます。なお、公正証書遺言に押印する印鑑は実印でなければなりません。

公正証書遺言による場合、遺言者は遺言の趣旨を公証人に口述し、署名するだけです。しかも口述するのは遺言の趣旨だけでかまいません。細かいことを全部述べる必要はありませんし、文章になるように述べる必要もありません。

■公正証書遺言作成の手続き

公正証書遺言の作成を依頼するときは、まず遺産のリスト、不動産の地番、家屋番号などの必要資料をそろえます。遺言の作成を依頼する時点では、証人の同行は不要です。証人の氏名と住所を伝えるだけ

で大丈夫です。証人となる人は、署名をする日に公証役場に行くだけですが、当日は本人確認書類（免許証や住民票など）と認印を持参しましょう。一般的に公証人は、あらかじめ公正証書の下書きを用意してきますので、当日にはこれを参考にして遺言を作成します。

完成した公正証書遺言は、公証役場に保管されますが、遺言の正本１通は遺言者に交付されます。また、遺言書を作成した公証役場で請求すれば、必要な通数の謄本をもらえます。

■ 公正証書遺言作成にかかる費用と書類

遺産の金額によって費用が異なりますので、事前に公証役場に電話して確認しましょう。弁護士などの専門家に公正証書遺言の原案の作成を依頼する場合は、遺言の内容や遺言者の財産状況によって費用が変わりますので、これも事前によく確認しましょう。

そして、以下のように、身分関係や財産関係を証明するための書類を事前に用意しておきましょう。

① **遺言者の本人性を証明する**

遺言者本人であることを証明するために、原則として、実印と３か月以内に発行された印鑑証明書を用意します（27ページ図）。

② **遺言の内容を明らかにする**

遺言の内容には、相続人、受遺者、相続財産が登場します。それらの存在を証明するための書類も準備しなければなりません。具体的には、相続人や受遺者については、戸籍謄本や住民票を用意します（27ページ図）。相続財産については「財産目録」を作成します。とくに不動産については、登記事項証明書を法務局（登記所）で交付してもらうことが必要です。

■ 公正証書遺言作成の際の注意点

公正証書遺言を作成する際は、以下のように、嘱託先、証人、遺言

内容、遺留分などに注意する必要があります。

① **どこの公証人に嘱託するのか**

　遺言者自身が公証役場に行き、公正証書遺言を作成してもらう場合には、どこの公証役場の公証人に嘱託してもかまいません。ただ、遺言書の作成を思い立つときには、遺言者の体が自由にならないケースがよくあります。その場合は、自宅や病院まで公証人に出張してもらうことができます。ただし、公証人の出張先は所属する法務局の管内に限定されるため、近くの公証役場に相談することが必要です。

② **証人を用意しておく**

　公正証書遺言を作成するには、証人2名が立ち会わなければなりません。証人は本人確認書類と印鑑（認印でよい）を持参します。証人は誰でもなれるわけではなく、未成年者、推定相続人（相続人になるであろう人）とその受遺者に加えて、これらの配偶者や直系血族も証人となることができません。利害関係がなく思慮分別のある成人に遺言の作成を証明してもらうためです。

③ **遺言すべき内容を決定する**

　ここでの遺言とは、法律上の身分関係や財産関係に限られます。具体的には、「誰に何を相続させるか」「遺贈するか」「どのようにして遺産を分割するのか」「誰が遺言を実行するのか」などを内容とします。

④ **「相続させる」という記載**

　特定の遺産を誰かに譲り渡す場合、その誰かが相続人の中に含まれていれば「相続させる」と表現します。相続人以外の人であれば「遺贈する」と表現します。

　たとえば、遺言でAさんが「六甲の別荘を敷地・建物ともにBに相続させる」と表現した場合、すべての相続人による遺産分割協議を経ることなく、六甲の別荘は直ちにBのものになります。「相続させる」という表現により遺産の分割方法を指定したことになるからです。

⑤ **遺留分**

兄弟姉妹以外の相続人には、遺留分といって最低限相続できる割合が法律で保障されています。ただ、遺留分を侵害する遺言を行ったとしても遺言自体は有効です。遺留分を侵害された相続人は、遺留分侵害額請求権（相続法改正前の遺留分減殺請求権に相当）を行使して、自らの遺留分を確保できるからです（82ページ）。

　もっとも、紛争の火種を残さないように、遺留分に配慮した遺言をしておいた方が無難でしょう。

⑥　遺言執行者

　公正証書遺言の中でも、相続財産を管理し、遺言の執行を行う遺言執行者を指定できます。

■死期が迫った者がする遺言

　特別方式の遺言は、死期が迫った者が遺言をしたいが普通方式によっていたのでは間に合わない、といった場合などに利用することができます。具体的には、①病気などで死亡の危急に迫ったとき、②伝染病で隔離されているとき、③船舶内にいるとき、④船舶遭難の場合に船中で死亡の危急に迫った場合、の4つがあります。

■ 公正証書遺言を作成するための資料

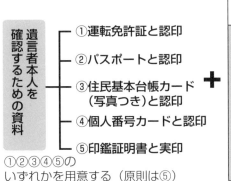

遺言者本人を確認するための資料
- ①運転免許証と認印
- ②パスポートと認印
- ③住民基本台帳カード（写真つき）と認印
- ④個人番号カードと認印
- ⑤印鑑証明書と実印

①②③④⑤のいずれかを用意する（原則は⑤）

＋

公正証書遺言の作成に特有の資料
- ・遺言者本人の印鑑証明書
- ・遺言者と相続人との続柄がわかる戸籍謄本
- ・財産を相続人以外の人に遺贈する場合には、その人の住民票
- ・遺産に不動産が含まれる場合には、登記事項証明書または固定資産評価証明など

第1章　◆　遺言がある場合の相続手続き

参考　遺言公正証書

遺言公正証書

　本公証人は、遺言者○○○○の嘱託により、証人△△△△、証人×××の立会いの下、下記遺言者の口述を筆記し、この証書を作成する。

　遺言者○○○○は、本遺言書により次のとおり遺言する。

第１条（長男の相続分）
　遺言者の長男○○△△に、下記の預金を相続させる。

記

① 　○○銀行○○支店に遺言者が有する普通預金債権（番号○○○○）の元金及び利息
② 　××銀行○○支店に遺言者が有する定期預金債権（番号××××）の元金及び利息

第２条（妻の相続分）
　遺言者の妻○○××に、第１条記載以外の遺産のすべてを相続させる。

第３条（遺言執行者の指定）
　遺言者は、本遺言の遺言執行者として下記の者を指定する。

記

　住所　東京都○○区○○町○丁目○番○号
　　　　弁護士　　××○○

以上

本旨外要件

　住　　所　　東京都××区○○町○丁目○番○号
　職　　業　　会社員
　遺言者　　　○○○○　㊞
　　　　　　　昭和○年○月○日生

上記の者は印鑑証明書を提出させてその人違いでないことを証明させた。
　　住　所　　東京都××区××町○丁目○番○号
　　職　業　　会社員
　　証　人　　△△△△　㊞
　　　　　　　昭和○年○月○日生
　　住　所　　○○県○○市○○町○丁目○番○号
　　職　業　　会社員
　　証　人　　××××　㊞
　　　　　　　昭和○年○月○日生
　上記遺言者及び証人に閲覧・読み聞かせたところ、各自筆記の正確なことを承認し、下記に署名・押印する。

　　　　　　　　　　　　　　　　　　　　　○○○○　㊞
　　　　　　　　　　　　　　　　　　　　　△△△△　㊞
　　　　　　　　　　　　　　　　　　　　　××××　㊞

　この証書は民法第九百六拾九条第壱号ないし第四号の方式に従い作成し、同条第五号に基づき下記に署名・押印する。
　平成参拾年○月×日下記本職の役場において
　　　　　　　　　　　　　　　東京都○○区○○町○丁目○番○号
　　　　　　　　　　　　　　　東京法務局所属
　　　　　　　　　　　　　　　　公証人　　　○○○○　㊞

　この正本は、平成参拾年○月○日、○○○○の請求により下記本職の役場において作成した。
　　　　　　　　　　　　　　　東京法務局所属
　　　　　　　　　　　　　　　　公証人　　　○○○○　㊞

4 遺贈と相続の違いについて知っておこう

遺言で相続分の指定があればそれに従う

■■ 遺言による相続分の指定

指定相続分とは、被相続人が遺言で指定した相続分のことです。たとえば、遺言で「妻の相続分は4分の3、子の相続分は4分の1」のように表現する場合です。特定遺贈（35ページ）が特別受益となるのに対し、指定相続分が法定相続分より多くても、その多い分が特別受益としては扱われることはないとされています。

■■ 法定相続分と異なる遺産承継と第三者との関係

遺言は法定相続分に優先することから、遺言者は自ら望む形で財産を承継させることができます。仮に遺留分権利者の遺留分を侵害しているとしても、遺言書は有効なので、遺言書の内容に従って遺産の承継が行われます（相続法改正後は、遺留分権利者との関係は遺留分侵害額請求権により解決します）。

しかし、改正前の規定によると、法定相続分とは異なる割合で遺産が相続された場合、相続人以外の第三者との関係でどのような法的効力が生ずるかは、必ずしも明確とはいえず、判例の解釈による補充が必要でした。そこで、2018年の相続法改正では、遺言などにより法定相続とは異なる遺産の承継がなされた場合に、第三者との間でどのような法的効力が生ずるかについて明文規定が置かれました。

① 権利（財産）を承継した場合

改正前は、法定相続分を超えて相続財産を取得した場合、その取得を第三者に主張するために、登記などを備える必要があるか否かについて、取得方法により異なる取扱いがなされていました。

たとえば、遺言書に「甲不動産をAに遺贈する」と書かれていた場合、特定遺贈にあたるため、登記をしなければ第三者に権利を主張できないとしていました。一方、「甲不動産をAに相続させる」と書かれていれば、遺産分割方法の指定にあたるので、登記をしなくても第三者に権利を主張できるとしていました。しかし、これでは遺言の内容を知り得ない第三者の取引の安全を害することにもなりかねません。

　相続法改正では、相続財産の取得方法を問わず、法定相続分を超える部分の相続財産の取得については、登記や引渡しなどの対抗要件を備えない限り、第三者に対抗できないことが明記されました。

　たとえば「甲不動産を相続人Aに相続させる」との遺言書があるのに、他の相続人BがAに無断で第三者Cに甲不動産を売却した場合、AはCよりも先に甲不動産の相続登記を備えなければ、Cに対し甲不動産の所有者が自分だけである旨を主張できなくなります。ただし、法定相続分である持分2分の1については、相続登記がなくても主張できますので、AがCに単独所有を対抗できなければ、甲不動産はA

■ **権利の承継**

遺　言　⇒「自宅をAに相続させる」（遺産分割方法の指定）

被相続人　　　　　　　　　　　　　相続人B
①承継　　　　　　自　宅　　　②売買⇒引渡し
相続人A　　　　　　　　　　　　　第三者C

AはCに対して自宅を相続したことを主張できる

登記　【改正前】登記をしなくても、AはCに対し自宅全部を単独で相続したことを主張できる。

【相続法改正】法定相続分を超える部分の相続財産の取得は、登記や引渡しなどの対抗要件を備えないと第三者に対抗できないことが明記される

第1章 ◆ 遺言がある場合の相続手続き

とCの共有（持分は各2分の1）となります。

② 債権を承継した場合

法定相続分を超える債権を承継した場合も、対抗要件を備える必要がありますが、債権の場合は「債務者に対する対抗要件」と「第三者に対する対抗要件」のいずれも備える必要があります。

たとえば、被相続人がAに対し1000万円の金銭債権を持っていた場合で、相続人B・CのうちBが遺言によりこの金銭債権を単独で取得したとします。改正前は、相続による権利の承継についても通常の債権譲渡と同様に考えられるとして、共同相続人全員を譲渡人とする債務者に対する譲渡通知が必要とされていました。つまり、相続人B・CからAに対して譲渡通知を送る必要がありました。

相続法改正では、相続により債権を承継した相続人が、遺言や遺産分割の内容を明らかにして債務者に通知したときは、共同相続人全員が債務者に対し譲渡通知をしたものとみなすという内容の明文規定が置かれます。つまり、Bが遺言の内容を明らかにしてAに通知すれば、B・Cが譲渡通知をしたものとみなされるので、B単独によるAへの

■ 義務の承継

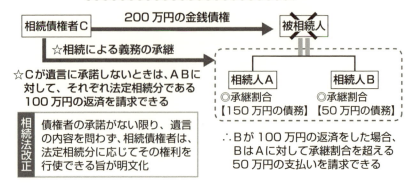

通知をもって、Aに対して債権の承継を主張できることになるのです。

さらに、Bが上記のAへの通知に確定日付（公証役場で請求すると、公証人が対象の文書に押印を行うことで付与される、後から変更することができない日付）付けることで、第三者に対する対抗要件も同時に具備されます。

③ 義務を承継した場合

被相続人が負っていた借金などの債務（相続債務）について、遺言書で承継の割合が指定されていた場合はどうでしょうか。

相続法改正では、相続債権者（相続債務の債権者）の承諾がない限り、相続分の指定がなされた場合であっても、相続債権者は、法定相続分に応じてその権利を行使できることが明文化されました。たとえば「Cからの借入金200万円については、相続人Aが150万円、相続人Bが50万円を返済するものとする」との遺言書が残されていても、相続債権者Cの承諾がない限り、相続人A・Bは、それぞれ法定相続分である100万円の返済義務を承継します。その結果、相続債権者Cは、A・Bに対して、それぞれ100万円を返済せよと請求できます。

なお、相続人間では遺言書に記載された承継割合が有効とされることから、承継割合を超えて相続人が相続債権者に弁済した場合は、他

■ 相続・遺言・死因贈与・生前贈与

	内容	相続人・受遺者	課せられる税
相続	被相続人の死亡によって財産が移転	一定の身分関係の人が相続人になる	相続税
遺贈	遺言書による財産の一方的な贈与	遺言者が指定した受遺者	相続税
死因贈与	人の死亡を条件とする贈与契約	贈与者が指定した受贈者	相続税
生前贈与	生前に財産を無償で譲渡する贈与契約	贈与者が指定した受贈者	贈与税

の相続人に対し、承継割合を超える部分の支払い（償還）を請求することができます。前述の例では、BがCに100万円を返済した場合、BはAに対し、自らの承継割合（50万円）を超える50万円の支払いを請求することができます。

■ 遺贈について

遺贈と同様に、贈与者が死亡することによって財産の贈与が生じるものに、**死因贈与**があります。しかし、死因贈与は、あくまでも当事者間の「契約」の一種ですので、遺言者の一方的な意思表示（単独行為）である「遺言」によって効果が生じる遺贈とは明確に区別する必要があります。これに対して、当事者間の契約に基づいて財産の贈与が行われるのは、死因贈与と同様ですが、贈与者が生きている間に贈与の効力が生じる点で、贈与者の死亡後に贈与の効力が生じる死因贈与と区別することができる契約を、とくに**生前贈与**といいます。

このように、遺贈と死因贈与は異なるものですが、性質が共通している部分も少なくありません。そこで、民法は死因贈与に関して、性質に反しない限り遺贈に関する規定を準用する旨を定めています。

遺贈を含めた遺言の制度は、被相続人の生前における最終意思を法的に保護し、その人の死後にその実現を図るために設けられているものです。自分の死後のことについて、生前に財産分けを口にするとかえってトラブルになることもありますし、生前には伝えたくないこともあります。そこで、民法は遺言の制度を設けたわけです。

遺言は、民法で定められた普通方式または特別方式を備えた遺言書（23ページ）を作成した場合に限り、法的効力が与えられます。

遺言に記載する事項は、一般には財産処分に関することがほとんどです。財産を与える人（遺言をした人）を遺贈者といい、財産をもらう人を受遺者といいます。遺贈は遺贈者が受遺者に対し財産を与えるものですが、人の死亡を原因として財産を取得するという点では相続

と同じですから、受遺者には贈与税でなく相続税が課税されます。

　受遺者については、遺贈者が自由に決めることができます。配偶者や子などの相続人はもちろん、内縁の配偶者、相続権のない親族（孫や兄弟姉妹など）、血縁関係のない第三者でもかまいません。会社やNPOなどの法人に遺贈することもできます。

　ただし、遺贈に際しては遺留分に注意しなければなりません。遺留分を侵害した財産処分も法的には有効ですが、後日、受遺者に対し遺留分侵害額請求権（相続法改正前の遺留分減殺請求権に相当）が行使され、受遺者がトラブルに巻き込まれるおそれがあるからです。

■■ 分割方法の指定がある場合、ない場合

　遺言で全遺産について遺産分割方法の指定があれば、相続開始と同時に、遺言に基づいて当然に遺産が分割され、遺産分割協議の余地はありません。ただし、相続人や受遺者の全員が同意すれば、遺産分割方法の指定がなかったものとして、あらためて全員で遺産分割をすることができます（遺言執行者がいる場合は、その同意が必要です）。

　一方、遺言で全遺産について遺産分割方法の指定がない場合は、遺贈の態様によって遺産分割が必要になることがあります。

① **特定遺贈の場合**

　特定遺贈とは「不動産はAに、株式はBに」というように、遺言者の有する特定の財産を具体的に特定して無償で与える遺贈です。特定遺贈の対象となった財産は、遺産分割の対象から外れますから、対象とされていない財産について、遺産分割協議をすることになります。その際、特定遺贈がなされた分（遺贈額）については、特別受益（73ページ）として扱われることに注意を要します。なお、遺言により全遺産を遺贈していれば、遺産分割の余地はありません。

② **包括遺贈の場合**

　包括遺贈とは、遺言者が財産の全部または一部を一定の割合を示し

て遺贈する方法で、全部包括遺贈と割合的包括遺贈があります。

全部包括遺贈の場合は、遺産分割を経ることなく、相続開始と同時に、すべての資産と負債が当然に受遺者に移転します。

割合的包括遺贈とは、たとえば「Aに全財産の3分の1を、Bに全財産の4分の1を遺贈する」「全財産の30％を○○に遺贈する」というものです。この場合は、その割合を基準とした遺産分割が必要になるのが原則です。

■■ 遺贈の放棄

財産だけでなく借金があった、あるいは遺産そのものがほしくないなどの事情があれば、受遺者は遺贈を放棄できます。遺贈の放棄の方法は、特定遺贈と包括遺贈で異なることに注意を要します。

特定遺贈の放棄は、いつでも行うことができ、相続人や遺言執行者に対して放棄の意思表示を行います。特定遺贈を放棄すると、遺言者の死亡の時点に遡って、その効力が生じます（特定遺贈がなかったことになります）。

包括遺贈の放棄は、相続放棄（66ページ）と同様に扱われます。そのため、包括遺贈の受遺者となったことを知ったときから3か月以内に、家庭裁判所に申述して放棄を行う必要があり、遺産を処分したり隠匿した場合は、包括遺贈の放棄ができなくなります。

■ 遺贈の概要

内容	遺言による財産の一方的な贈与
受遺者	遺贈者が自由に決定可（受遺者との合意は不要）
受遺者の死亡	受遺者が被相続人よりも先に死亡 → 遺贈は無効
遺贈の放棄	特定遺贈の場合、被相続人の死亡後ならいつ放棄しても可。包括遺贈の場合、受遺者となったことを知ったときから3か月以内であれば可。

5 遺言書を書くときの注意点について知っておこう

遺言書に書く内容は自由である

■■ 用紙と使用する文字

　遺言は法律が定める形式で作成することが必要ですが、遺言書を自分で書くときは「自筆証書遺言」の形式を用いるのが一般的です。自筆証書遺言を作成する用紙は自由です。原稿用紙でも、便せんやメモ用紙でもかまいません。筆記用具も自由ですが、偽造などを防ぐため、消去しにくい筆記用具を用いるようにします。

　自筆証書遺言は遺言者の自筆によることが必要ですから、パソコンなどで作成した自筆証書遺言は無効です。印字された文字は遺言者の意思が読み取りづらく、偽造なども容易であるためです。印字された書面に手書きで署名し、押印しても無効です。他人による代筆や自筆した遺言書を写した写真やコピーなども認められません。ただし、視力を失った人が他人の助けを得て筆記することは許される場合があります。なお、相続法改正で方式が一部緩和されています（48ページ）。

　一方、使用する文字の制限は規定されていないため、漢字、ひらがな、カタカナ、ローマ字などを用いることができます。方言や家族内での通用語を用いてもよいですし、速記記号、略符、略号でもかまいませんが、一般人が理解できるように心がけて書くべきでしょう。

■■ 相続人名簿と財産目録を作る

　遺言書を書くときは、人名や遺産の指定を間違えないように注意する必要があります。家屋や土地の所在地や地番の間違い、人名の書き落としなどが多いようです。遺言書を作成するときは、必ず相続人名簿と財産目録も作っておきましょう。

■ 遺言の内容に工夫が必要

　遺言の記載内容について疑問がなければ、争いが起こらないかというと、そうでもありません。そのため、遺言の内容について少し工夫が必要です。つまり、なぜそのような相続分の指定にしたか、その人に特定の財産を相続させるか、という根拠を書いておくようにすべきです。自筆証書遺言であれば、遺言書自体に書いてもかまいませんし、公正証書遺言であれば、別のメモでそれを補うこともできます。

■ 遺言者の意思能力の立証

　遺言書があるとともに、それを作成した当時、本人が正常な判断能力を有していたことを証拠立てておくことはとても大切なことです。
　その方法としては、「本人が自筆の書面を書いておく」「医師の診断を受けて精神状況の診断書をとっておく」などが考えられます。

■ 署名をする

　署名は自筆で氏名を書きます。自筆証書遺言を作成する場合は、遺言者本人が日付と氏名を自署し、押印しなければなりません。
　ここで「氏名」とは、原則として戸籍上の姓名のことですが、遺言者だと判断できれば、通称や名前だけの記載でもかまいません。署名が雅号、芸名、屋号、ペンネームなどであっても、遺言者との同一性が示せるものは有効ですが、混乱を生じさせないためにも、署名は戸籍上の姓名で記載することをおすすめします。

■ 遺言書に押す印鑑はどうする

　自筆証書遺言と秘密証書遺言における遺言書の押印は、拇印（指先に朱肉をつけ、指を印の代わりにして指紋を残すこと）でもよいと考えられています。しかし、遺言者本人のものかどうかの判読が難しいため、できれば実印を押しておくべきでしょう。

遺言者の死後、遺言書に押印がないのを知った相続人などが、後から印鑑を押すことは、遺言書の偽造または変造にあたるので、印鑑を押した人は相続欠格（64ページ）になる可能性があります。

■ 遺言書に署名押印がないときは

普通方式の遺言は、遺言者の署名押印がなければ無効です。署名押印の場所は問いません。ただし、普通証書遺言について署名押印が遺言書自体にはなく封書にある場合、遺言書と一体の部分に署名押印があったとして、その遺言を有効とした判例があります。

なお、封印のある自筆証書遺言や秘密証書遺言は、家庭裁判所において、相続人（またはその代理人）の立会いの下で開封しなければなりません。また、秘密証書遺言は署名押印の他、封印をして公証人と証人2名の署名押印を封筒に記載してもらうことが必要です。

■ 契印や割印をしておく

遺言書に書くことが多いため、遺言書が複数枚になっても、1つの封筒に入れておけば同一の遺言書とみなされます。ただ、ホチキスなどでとじておいた方が確実です。割印や契印（紙の綴目に印を押すこと）については、法律上の定めがないので、とくに必要とされていません。しかし、遺言書をめぐるトラブルを避けるためには、契印や割印をしておく方が安全だといえます。

■ 遺言書が複数枚になるとき

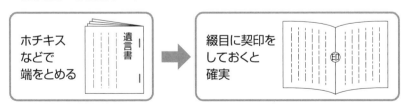

■ 遺言書を封筒に入れる

　自筆証書遺言を封筒に入れる場合は、封印（封をしてから、その証拠として印を押すこと）をする必要はありません。封印された遺言書の開封は、家庭裁判所で行わなければなりませんので、相続人としては封印をしないでもらった方がよいかもしれません。

　しかし、遺言書の偽造・変造の疑いをかけられるなど、トラブルに発展することもあるので、封印は一長一短です。封印するときは、封筒の表に「遺言書」と書くだけでなく、「遺言書の開封は家庭裁判所に提出して行わなければならない」と書いておきましょう。

■ 遺言書が複数枚見つかったときは

　遺言書が数通ある場合として、相続人別に遺言書を書いたときや、前に書いた遺言書を破棄しないまま新しく遺言書を書き直したときなどが考えられます。法律的に正しい形式を備えて作成されている遺言書であれば、いずれの遺言書も有効です。ただし、数通の遺言書の内容に矛盾がある場合には、矛盾している部分については、新しい日付の遺言書の内容が有効になります。

　なお、遺言書が２通見つかった場合に、２通の作成日が同じであれば、作成時刻が書かれていない限り、どちらが新しいかがわかりません。この場合、内容に矛盾がある部分については、両方の遺言書が無効とされる可能性がありますが、無効となるのは矛盾する部分についてだけであり、遺言書の全体が無効となるのではありません。

　さらに、１通は公正証書遺言、もう１通は自筆証書遺言という場合も考えられます。この場合も、遺言の内容についての効力は、作成日の前後によります。つまり、法律上の形式を備えていれば、後から作成する遺言書がどんな方式であっても、矛盾する部分については、前にした公正証書遺言が取り消されたことになります。

■ 遺言を取り消したいとき

　遺言の取消は遺言によって行います。また、遺言者が遺言書を破棄すると、遺言を取り消したことになります。しかし、「書面が偶然に破れた」「他人が書面を破った」というような場合は「破棄」にあたらず、遺言があったことを証明できれば、遺言は有効となります。

　遺言の取消のケースは、以下のように分類されます。なお、遺言の取消をさらに取り消すことは原則としてできません。

① **前の遺言と後の遺言とが矛盾するとき**

　上述のように、前の遺言と異なる内容の遺言をすれば、前の遺言の矛盾する部分は、後の遺言により取り消したものとみなされます。

② **遺言と遺言後の行為が矛盾する場合**

　別の遺言書を書かなくても、前の遺言で相続や遺贈の目的物を売ってしまえば、遺言を取り消したものとみなされます。遺言者が故意に相続や遺贈の目的物を破棄したときも同じです。

③ **遺言者が故意に遺言書を破棄したとき**

　遺言書を故意に破棄すれば、破棄した部分について遺言を取り消したとみなされます。

④ **遺言書の文面全体に赤ボールペンで故意に斜線を引いた場合**

　近時、遺言者が文面全体に赤ボールペンで故意に斜線を引いた自筆証書遺言の効力が争われた事案で、最高裁は無効と判断しました。赤色ボールペンで文面全体に斜線を引く行為が、一般的に遺言書に記載された内容をすべて取り消す意思の表れだと評価されたからです。

　よって、遺言者が遺言書全体に斜線を引いた場合は「遺言者が故意に遺言書を破棄したとき」にあたり、遺言が無効になります。

■ 遺産分割後に見つかった遺言書

　遺産分割後に遺言書が見つかったときは、原則として遺産分割が無効になります。また、ある相続人が遺言書を隠匿していた場合は、そ

の相続人が相続欠格によって相続権を失う結果、相続人の変化が生じますから、これによる遺産分割の無効の問題も生じます。以下、いくつか特殊な場合を考えてみましょう。

① 認知の遺言

相続開始後に認知があった場合にあたるので、遺産分割は無効とならず、認知された子から相続分相当の価格賠償が請求されます。

② 廃除または廃除取消の遺言

その後の家庭裁判所の審判で廃除または廃除取消が確定すると、遺産分割に加わる者が変わるため、遺産分割は無効になります。

③ 単独包括遺贈の遺言

単独包括遺贈とは、遺産の全部を１人に遺贈するものです。単独包括遺贈により単独取得となりますから、遺産分割は無効です。以後は分割の対象がなくなり、再分割の協議は必要ありません。

④ 特定遺贈の遺言

特定遺贈の対象財産は分割の対象外となりますから、その限度で遺産分割は無効になります。また、遺言が遺産分割全体に対する影響を及ぼすものであれば、その全体が無効になります。

■ 遺言内容の変更

遺言書の種類	目的	方法
自筆証書遺言	加入・削除・訂正	遺言書に直接書き込んで変更
	取消	● 遺言書の破棄 ● 遺言を取り消す旨の遺言書を作成
公正証書遺言	加入・削除・訂正	遺言を変更する旨の遺言書を作成
	取消	遺言を取り消す旨の遺言書を作成
秘密証書遺言	加入・削除・訂正	遺言を変更する旨の遺言書を作成
	取消	遺言書の破棄

■ 遺言書の作成方法

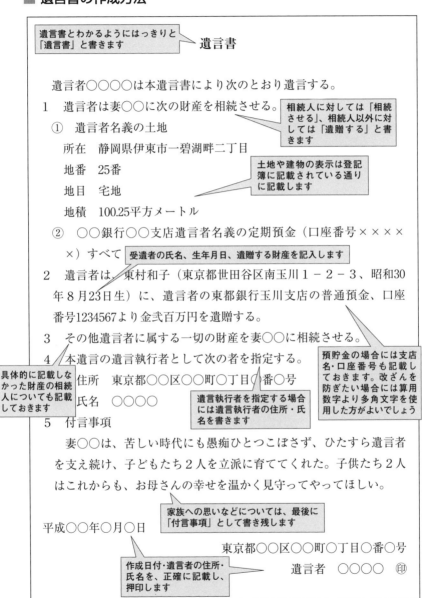

6 代筆や文字の判読、日付の記載、訂正をめぐる問題について知っておこう

日付は遺言書の絶対要件である

■■ 遺言書の代筆は認められるのか

　自筆証書遺言は、遺言者本人の自筆であるのが絶対条件ですから、代筆は一切認められません。自筆証書遺言は添付資料を含め、すべて自筆すべきであると考えておくことが必要です。なお、相続法改正により、財産目録は自筆以外でもよいことになりました（48ページ）。

　自筆証書遺言について、本人の自筆による遺言であることが証明されなければ、その遺言は無効となります。自筆かどうかが争われた場合は、主に作成時の状況によって判断します。

　また、自筆で遺言を書く意思はあっても、病気などのために文字がうまく書けないので、他人に介添えをしてもらって書いた場合は、介添えの程度によって判断します。具体的には、介添えが遺言者が文字を書くためのもので、しかも遺言の内容に介添人の意思が介入した形跡がなければ、そのような遺言は自筆によるものと考えます。

　判例によれば、自筆証書遺言の成立に必要なのは、遺言者が文字を認識する能力と筆記する能力であり、これは視力を失った場合などにも喪失するものではありません。その上で、介添えが自筆の範囲内として許されるのは、用紙の位置に手を置くための補助を行うなど、遺言者が自らの意思で手を動かして筆記できる状態が確保されている場合に限られるので、それ以外の介添えによる場合は自筆と認めることができず、自筆証書遺言としては無効となります。

■■ 遺言書の文字が判読できないとき

　遺言書が判読できない状態としては、遺言書の破損・摩滅により文

字がうすれていて物理的に読めない場合と、自筆が乱れており文字自体が読みにくい場合の2つの状態が考えられます。

　遺言書の文字が判読できない場合、それが遺言者の意思による破棄であれば、その破棄された部分については遺言が取り消されたとみなされます。また、汚れなどの原因により判読不可能となっている部分は無効になります。これが遺言者以外の相続人や受遺者による意図的な（故意による）破棄であるときは、その人は相続欠格とされ、相続人としての資格を失います。この場合は破棄された箇所も遺言としての効力は失われずに有効とされます。

　相続人が遺言書の文字を判読できないときは、自筆証書遺言の効力を認めることができません。もっとも、判読できないから直ちに無効だと結論づけることなく、作成時の状況や遺言者の真意から、可能な限り判読するよう相続人間で協議し、協議が調わなければ、家庭裁判所での調停を試み、それでも結論が出ない場合は訴訟を提起して判断してもらうべきでしょう。

　裁判では、主に作成時の状況から、判読できるか否か、判読できるとするとどのように判読するかを争うことになります。この際、筆跡鑑定を採用することは原則としてありません。裁判所は、筆跡鑑定の有用性については疑問を抱いているからです。実際には、相続人間の協議で結論を出して妥協するケースが多いようです。

■ 日付の記載がないときは無効となる

　自筆証書遺言は、遺言書の全文・日付・氏名を自書した上で、押印しなければなりませんが、その際に記入する日付は、実際に存在する特定の日を表示する必要があります。日付の記載がない、あるいは存在しない日付を記載した自筆証書遺言は無効です。

　遺言書に日付の記載が要求されるのは、遺言者が遺言を作成した時点でその遺言者に遺言するだけの能力があったかどうか判断するポイ

ントになるからです。また、内容が相互に矛盾する遺言書が2つ以上見つかった場合、内容が矛盾する部分については、最も新しい日付の遺言書が有効とされます。

　遺言書に記載する日付は「平成〇年〇月〇日」「西暦2〇〇〇年〇月〇日」のように、明確な年月日を用います。元号でも西暦でもよいですし、漢数字でも算用数字でもかまいません。数字の表記は「二十三」「二三」「弐拾参」「23」のいずれの書き方も認められます。なお、「平成〇年〇月吉日」のような書き方は、「吉日」では日付を特定できないため無効とされます。一方、「平成〇年の誕生日」「満60歳の誕生日」のような書き方であれば、年月日を特定できるので有効です。

　もっとも、日付は遺言の正当性を証明する絶対要件ですから、「平成×年×月×日」ときちんと書くのが一番よいでしょう。

■ 遺言の年月日が間違っている場合

　原則として遺言に記載された年月日が遺言の日付ですが、明らかに日付が間違っているケースもあります。たとえば、①「2月30日」というように暦に存在しない日付である場合、②「明治7年」のように事実上あり得ない古い日付である場合、③遺言書記載の年月日に遺言者が大手術の最中であったことが明らかで、その日に遺言者が遺言を書くことがあり得ない場合などがあります。

　日付に誤りのある遺言は無効とするのが原則です。しかし、遺言に日付の記載が要求されるのは、手形などの技術的要求とは異なり、遺言者の最終的な真意確認のためです。この真意確認の観点からすると、明白な誤記を理由として遺言を無効とする必要はないと考えることもできます。つまり、遺言に記載された内容や趣旨に照らし合わせて、日付が誤記であることが明白であり、特定の年月日の記載があると認められる場合には、その遺言は有効であると判断される可能性があるといえるでしょう。

■ 遺言書の内容を変更する場合の注意点

自筆証書遺言や秘密証書遺言について、遺言書に加入・削除・訂正をする場合、変造防止のため、以下のような厳格なルールが定められています（42ページ図）。加入・削除・訂正がルールに従ったものでない場合は、遺言書の内容の変更がなかったものとして扱われます。

① 遺言書に文字を加入する場合は遺言者の印を押し、遺言書の文字を削除・訂正する場合は原文が判読できるように２本線で消し、変更後の文言を書き入れます。

② それぞれの変更後の文言を書き入れた部分に、遺言書に押印した印鑑と同じものを押します。

③ 変更した部分の左部または上部欄外に「本行○字加入○字削除」などと付記するか、遺言書の末尾に「本遺言書第○項第○行目○字加入」などのように付記します。

④ 付記した部分に、遺言者本人が署名します。

■ 遺言書を書き直す場合

相続財産などの状態は常に変動しますから、毎年、遺言書を書き直すというのはよいことです。

■ 自筆証書遺言の訂正例

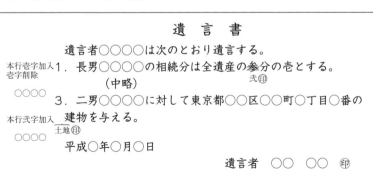

全文にわたって書き直すのが大変なときは、まず基本的な遺言書を作成して、これを部分的に訂正する遺言書を毎年書くということでもよいでしょう。これにより、後の遺言書と矛盾する部分については、前の遺言書の該当部分が取り消されることになります。

■■ 遺言書の改ざんと相続欠格

遺言書の内容を変更する場合のルール（前ページ）に従い、遺言書を訂正することができるのは、遺言者本人だけです。遺言者以外の人が遺言書を改ざん（変造）しても、その改ざんした部分は無効です。いかに改ざんされても、元の遺言書自体は有効で、改ざんされていないものとして扱われます。改ざんは遺言者の意思ではないわけですから、遺言が取り消されることはありません。

相続人が被相続人の遺言を改ざんした場合、「相続に関する被相続人の遺言書を偽造し、変造し、破棄し、または隠匿した者」は相続欠格事由のひとつとされているため、相続人は相続開始時点に遡って相続人の資格を失います。民法は、相続人が死後の財産の行方について自由に決定できるように、遺言制度を認めています。そのため、無断で遺言書に自分自身が多く利益を得るように改ざんするなどして、遺言の自由を不当に侵害した相続人について、相続人としての資格を剥奪するという制裁を与えるのが相続欠格の制度です。

遺言者本人による訂正であっても、訂正前後の筆跡が違って見えるようであれば、改ざんしたと疑われる可能性がありますので、なるべく訂正はしない方がよいでしょう。さらに、遺言書の保管には細心の注意を払う必要があります。

■■ 自筆証書遺言の要件の緩和について

自筆証書遺言は、全文・日付・氏名を自書し、これに押印することによって作成されます（37ページ）。パソコンなどによる自筆証書遺

言の作成は認められておらず、自筆証書遺言の作成に際しては自書能力が必要になります。しかし、判読不能な部分や介添人の意思が介入した場合などは無効となることから、せっかく自筆で遺言書を作成しても、その効力について争いが生じるケースも少なくありません。

とくに自筆証書遺言は死期が差し迫った状況で作成されることが多いことから、そうした中で全文自書を要求する改正前の規定は、その形式的要件（有効となるための方式）が厳しすぎるとの指摘がなされていました。つまり、自筆証書遺言は、いつでもどこでも作成できる利点がある一方、形式的要件が厳しすぎることが問題でした。

2018年の相続法改正においては、改正前よりも比較的容易に自筆証書遺言を作成できるように、形式的要件を緩和する方向で改正が行われています。

遺言書において、ある財産を特定の人に相続させ、または遺贈するためには、その財産を特定することが必要です。たとえば、土地の場合には、その土地の所在、地番、地目、地積といった事項を記載して特定する必要があります。また、銀行預金の場合には、銀行名だけでなく、支店名、口座の種類（普通または当座）、口座番号、口座名義人などを記載して特定する必要があります。

■ 自筆証書遺言の方式の緩和

改正前	改正法
すべての事項について自書が要求されていた	①財産目録を別紙として添付する場合は、自書でなくてもよく、パソコンなどで入力しても有効である ②第三者の代筆や、登記事項証明書、通帳のコピーなどを添付してもよい ③財産目録が複数ページに及ぶ場合や両面にある場合は、すべてのページに署名押印が必要である

相続法改正では、これら財産に関する事項をすべて自書することは非常に煩雑であることから、財産目録を別紙として添付する場合は自書を不要とし、他人による代筆やパソコンによる入力の他、登記事項証明書や通帳の写しを添付しても有効と扱われることになりました。

つまり、相続法改正では、自筆証書遺言を遺言事項と財産目録とに分けて、遺言事項（全文・日付・氏名）については、改正前と同じく自書を要求しています。一方、財産目録（添付書類）については、自書を不要とすることで形式的要件を緩和しています。

ただし、自書によらない財産目録が複数ページに及ぶ場合は、すべてのページに署名押印が必要です。また、自書によらない財産目録が両面にある場合は、その両面に署名押印が必要です。これは形式的要件が緩和されることで、偽造や変造が容易になることを懸念しての措置となります。

なお、自書によらない財産目録の内容を変更（追加・除外・訂正）する場合は、遺言者が変更場所を指示し、その内容を変更した旨を付記し、これに署名押印しない限り、変更の効力は生じないとする規定が置かれています。

■ **遺言書の訂正・改ざん**

```
        遺言者自身による訂正
              ↓
        訂正後の遺言が有効
     ┌─────────────────────┐
偽造  │ 遺言者以外の者による改ざん │  変造
     └─────────────────────┘
              ↓
        改ざん後の遺言は無効
       （改ざん前の遺言が有効）
```

7 法律上の形式に反する遺言の効力について知っておこう

遺言は必ず遺言者の意思によらなければならない

■■ 口頭による遺言の効力は

　遺言が有効に成立するためには、民法が定めた方式に従って遺言書を作成する必要があります。遺言者が単に口頭で述べただけのものは、有効な遺言ではありません。

　ただ、遺言者が口頭で述べて成立する遺言もあります。公正証書遺言の場合には、本人が署名できないときは、公証人がその旨を付記することで、遺言が有効に成立します。

　また、特別方式による遺言には、遺言者が口頭で述べた内容を証人が筆記するものもありますし、署名押印ができない場合の特別規定もあります。民法が定めた方式に従って作成されていれば、その遺言は有効です。ただし、証人や立会人の署名押印は必要です。

■■ ビデオテープやDVDなどの使用

　本人が登場して遺言内容を述べているビデオテープやDVDなどは、遺言として認めてもよさそうです。しかし、遺言の形式的要件である本人の署名押印などを備えていないので、ビデオテープやDVDなどに記録した遺言は、法的効力をもつ遺言とはなりません。

　ただ、本人の自発的意思による遺言であることがわかるように、病床での遺言作成の模様を録画するということでしたら、後日のトラブルを予防する効果があるでしょう。また、ビデオテープやDVDなどに録画した内容を記録させておけば、第三者に遺言書が破棄されてしまったとしても、遺言書が存在したことや、その内容についての証拠になることもあります。

■■ 障害のある人がする遺言

　公正証書遺言は、従来、遺言者から公証人への口述、公証人による読み聞かせが厳格に要求されていたため、障害者にとっては非常に不便な制度でした。しかし、平成11年の民法改正により、遺言者の聴覚・言語機能に障害がある場合には、口述の代わりに手話通訳か筆談で公証人に伝えること、公証人による内容の確認は手話通訳か閲覧の方法ですることが認められています。

　また、点字機による自筆証書遺言は認められませんが、秘密証書遺言は点字機によることもできますが、署名押印は自ら行うことが必要です。一方、全盲の遺言者であっても、普通の文字で遺言書を書くことができれば、有効な自筆証書遺言を作成することができます。

■■ 共同遺言は認められるのか

　共同遺言とは、2人以上の人が、1つの遺言書によって遺言をすることです。民法では共同遺言を禁止しています。たとえ夫婦がお互いの自由意思に基づいているとしても、その夫婦が1つの遺言書で遺言をすることはできません。

　遺言は遺言者の真意が明確に表現されることが重要です。しかし、2人以上の人が同じ遺言書に遺言をしてしまうと、どの部分が誰の遺言であるのかを特定することが困難になりかねません。これでは遺言者の死後に、遺言の内容をめぐってトラブルが生じますので、民法では共同遺言を禁止しているのです。財産をどのように処分するか（誰に相続させるかなど）について、夫婦間で相談して決めるのは自由ですが、遺言書は必ず別々に書くことが必要です。別々の書面に書くのであれば、同じ日に遺言書を作成してもかまいません。

■■ 遺言書を無理に書かせた場合

　遺言は遺言者の真意によるものでなければなりません。たとえば、

強迫や詐欺により無理に書かせた遺言は、遺言者の真意による遺言ではないので、これを取り消すことができます。
　また、無理に遺言を書かせた者が相続人であれば、遺言が取り消されるばかりか、その相続人は相続欠格となり、相続人としての資格を失うことになります（遺贈を受けることもできません）。
　さらに、遺言者が気を失っていたり、病気のために判断能力や手を動かす能力がないのに、手をとって無理に書かせた遺言は、本人が自書したとはいえませんから、自筆証書遺言としては無効とされます。

■ 遺言能力を有しない者が書いた遺言

　遺言が有効に成立するためには、遺言者が**遺言能力**（遺言の内容を理解し、判断する能力のこと）を備えていることが必要です。15歳未満の未成年者には遺言能力が認められていませんし、また認知症や精神上の障がいなどにより遺言能力がないとして遺言の効力が争われるケースも増加しています。遺言能力がないと判断されれば、遺言自体が無効になります。後日の紛争を避けるため、遺言能力に疑いが生じうる可能性がある場合は、公正証書で遺言を作成し、かつ遺言時における医師の診断書を取得するなど、遺言能力があった証拠を残しておくようにしましょう。

■ 法律上の形式に反する遺言

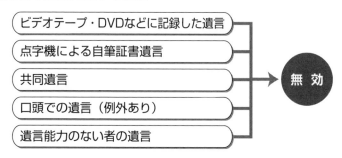

第1章 ◆ 遺言がある場合の相続手続き

8 遺言執行者について知っておこう

遺言で遺言執行者を指定するのが原則

■■ 遺言執行者とは

　遺言には、相続人と利益が相反する内容や、相続人間の利益が相反する内容を含む場合があります。こうした場合は、遺言執行者が必要になります。**遺言執行者**は、遺言の内容を実現するため、遺言の執行に必要な一切の行為をする権利義務を有する人のことで、相続財産の管理や処分などに関する権限を持っています。

　この点から、遺言執行者は相続人全員の代理人とみなされます。このことを明確にするため、2018年の相続法改正では、遺言執行者がその権限内で遺言執行者であることを示してした行為は、相続人に対して直接にその効力が生じることが明記されました。

　これに対し、遺言書に遺言執行者の指定（または指定の委託）がないときは、遺言の執行としての不動産登記の申請、預貯金の名義変更など、相続手続きの一切を相続人全員で行うことになります。なお、遺産分割協議が成立しても、所有権移転登記をする際には、登記申請書に相続人全員の実印が必要です。

■■ 遺言執行者の指定や解任など

　遺言執行者は、遺言によってのみ指定することができます。遺言執行者に指定されても辞退できますから、遺言をするときは、遺言執行者を引き受けてもらえそうな人を指定する必要があります。相続人や法人も遺言執行者になる資格がありますし、2人以上を遺言執行者として指定することも可能です。

　遺言執行者は、就任を承諾した場合には、その任務を行わなければ

なりません。相続法改正により、遺言執行者は、任務を開始したら遅滞なく、相続人に遺言の内容を通知しなければならない旨が明文化されました。そして、遺言執行者があるときは、相続人には遺言の執行権がなく、遺言内容を執行しても無効になります。遺言執行者は、財産目録の作成などをした上で、遺言内容を執行します。

　遺言執行者が任務を怠った場合、家庭裁判所は、遺言執行者を解任するか、新しい遺言執行者を選任できます。一方、遺言執行者が自ら辞任する場合は、家庭裁判所の許可を受ける必要があります。

　遺言執行者の報酬は、遺言で定めておくべきですが、その定めがない場合は、家庭裁判所が報酬を定めます。なお、遺言の執行に関する費用は相続財産から支出します。

■ 遺言執行者の選任が必要な場合

　遺言において、①非嫡出子の認知、②相続人の廃除とその取消を行う場合には、必ず遺言執行者を指定しなければなりません。①については届出の手続きを行うこと、②については家庭裁判所への申立てを行うことができるのは、遺言執行者に限定されるからです。

　①②の遺言がある場合で、遺言執行者が指定されていなければ、その選任を申し立てることが必要です。申立てができるのは相続人・受遺者などの利害関係人です。申立先は相続開始地の家庭裁判所で、添付書類は戸籍謄本です。

■ 遺言執行者が登記手続きを行う

　相続法改正により、遺産分割方法の指定であるか、遺贈であるかを問わず、法定相続分を超える分については、登記などの対抗要件を備えないと第三者に主張できなくなりました（21ページ）。そして、不動産登記の申請など、対抗要件を備えさせるために必要な行為も、遺言執行者が行うことができる旨が明文化されました。

Column

特別縁故者とは

　一連の手続きにより相続人の不存在が確定した場合には、特別縁故者への相続財産の分与があります（民法958条の3）。特別縁故者とは、被相続人と一定の特別の縁故があった人のことです。内縁関係の夫や妻、生計を同じくしていた者、療養看護に努めた者などがこれにあたるとされています。

　特別縁故者は、財産分与請求の申立てを家庭裁判所に起こすことができます。申立てができるのは、相続人不存在の公告期間（6か月）の満了後3か月以内です。

　特別縁故者への財産分与の手続きは、特別縁故者からの申立てにより、被相続人の住所地の家庭裁判所が、特別縁故者の種類、財産内容、縁故の度合い、生活状況など一切の事情を考慮して、分与を認めるか否かと、分与を認める場合は、その内容、程度を決めることになります。

　なお、相続人不存在で、贈与、死因贈与、遺贈もなく、その他の債権者がまったくいないときは、残余財産が生じる場合があります。この場合、特別縁故者への財産分与が認められないときは、残余財産は国庫に収納されます。

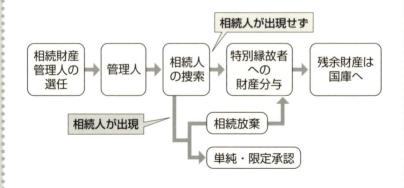

第2章

相続分のルールと
ケース別早わかり

1 相続分は遺言で変えられる

誰がどれだけ相続するかは遺言で指定できる

■ 相続とは何か

相続とは、被相続人の死亡により、その遺産が相続人に移転することです。つまり、「死亡した人の遺産を相続人がもらうこと」です。

被相続人とは、相続される人（死亡した人）のことで、相続人とは、遺産を受ける人のことです。もっとも、この場合の「遺産」とは、土地や株式など金銭的評価ができるものの他にも、被相続人に借金などが残されているときは、これも遺産に含まれるため、相続人に受け継がれることになります。

相続については「相続人が誰か」をすぐに確定することができない場合があります。一般に、配偶者と子が相続人である場合が最も多く、このときは一見単純なようにも思えますが、相続放棄がからむと権利関係が複雑になることがあります。また、被相続人に子がなく直系尊属（父母・祖父母など）が全員他界している場合には、配偶者と兄弟姉妹が相続人となりますが、兄弟姉妹が被相続人よりも先に死亡していると、おい・めい（兄弟姉妹の子）が代わりに相続人となることから（代襲相続）、相続人の確定に、時間・労力・費用がかかります。

相続分は民法という法律で決まっていますが（法定相続分）、遺言で変えることができます（指定相続分）。その場合は、とくに遺留分の関係で相続分について争いが生じることがあります。さらに、相続人には寄与分の制度がある他、2018年に成立した相続法改正では、特別の寄与をした親族による特別寄与料の請求を認めた（77ページ）ことから、これらも考慮して相続分を確定することが必要です。

そして、被相続人の遺産（相続財産）は、相続分に応じて分割でき

るものを除いて、相続人全員による共有となります。その後は、遺産分割と税金（相続税など）が問題になります。相続人や相続分、遺産分割の方法などについて親族間で紛争が生じれば、家庭裁判所の調停など、裁判所での手続きになります。

■ 相続人の範囲

相続人の範囲は民法で法定されています。つまり、法定された範囲内の人だけが相続人となり、それ以外の人は相続人になることができ

■ 相続人の範囲

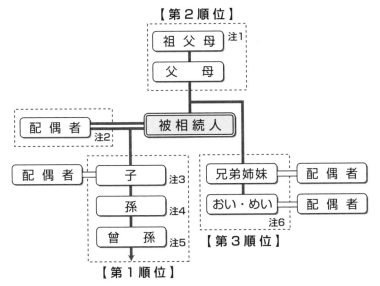

注1　父母が死亡・相続権を失ったとき相続人となる
注2　他の相続人と同順位で常に相続人となる
注3　胎児も含まれる
注4　子が死亡・相続権を失ったとき相続人となる
注5　孫が死亡・相続権を失ったとき相続人となる
　　　（曾孫以降も再代襲が生じる）
注6　兄弟姉妹が死亡・相続権を失ったとき相続人となる
　　　（おい・めいの子以降の再代襲は生じない）

ません。最優先順位で相続人になるべき人を推定相続人といいます。

ただし、法定相続分（62ページ）に従い相続させるのは不合理だと被相続人が考え、誰に何を相続させるかを遺言した場合、法律上は、被相続人の遺言に従い処理するという原則がありますので、遺言書により指定された人が遺産を承継します。また、相続放棄、廃除、相続欠格による相続権の喪失や、代襲相続の問題などがあるため、推定相続人が必ずしも相続人になるとは限りません。

■ 血族の相続順位

血族とは、血縁関係のある親族のことで、直系血族（親や子など直線的につながる血族）と傍系血族（兄弟姉妹など共通の始祖から枝分かれしている血族）に分けられます。直系血族はさらに、直系尊属（上方向の直系血族）と直系卑属（下方向の直系血族）に分かれます。

血族の相続順位の**第1順位**は**子**です。養子や胎児も含まれます。婚姻関係にない男女間に生まれた非嫡出子は、認知を受けた場合に父親の地位を相続します（母親について認知は不要です）。なお、子の代襲相続人（次ページ）が1人でもいる場合は、その人が第1順位の相続人となり、直系尊属や兄弟姉妹は相続人になりません。

第2順位は**直系尊属**です。第1順位が誰もいない場合に、直系尊属が相続人となります。なお、直系尊属の中では被相続人から見て親等の最も近い者が相続します。たとえば、被相続人の親が1人でも生きていれば、その親が相続人となり、祖父母は相続人になりません。

第3順位は**兄弟姉妹**です。第1順位と第2順位が誰もいない場合に、兄弟姉妹が相続人になります。兄弟姉妹の間に優先順位はありません。なお、兄弟姉妹の子は代襲相続人になりますが、代襲相続はその子でストップしますので、再代襲（孫以降への代襲相続）は生じません。

■■ 配偶者の相続権

被相続人の配偶者は、前述した血族とともに、常に相続人となります。相続権がある配偶者は、婚姻届が出されている正式な配偶者に限定されます。いわゆる内縁の配偶者は、たとえ長年いっしょに生活し、夫婦同然だとしても、相続人となることができません。

■■ 代襲相続とは

代襲相続とは、本来相続人になるはずだった血族が、死亡・相続欠格・相続廃除によって相続権を失った場合、その子や孫などが代わりに相続人となることです。本来相続するはずだった血族を被代襲者、代襲相続によって相続する人を代襲相続人と呼びます。

具体的に、被代襲者は被相続人の子か兄弟姉妹で、代襲相続人は被相続人の直系卑属かおい・めいです。したがって、被相続人の配偶者や直系尊属が相続権を失っても代襲相続は生じず、被相続人の養子の連れ子は被相続人の直系卑属でないため代襲相続人になりません。

また、本来の相続人が子である場合に起こる代襲相続は「孫→曾孫…」と再代襲が無限に続きますが、本来の相続人が兄弟姉妹である場合に起こる代襲相続は、兄弟姉妹の子（被相続人のおい・めい）に限られることから、再代襲は生じません。兄弟姉妹について再代襲を認

■ 代襲のしくみ

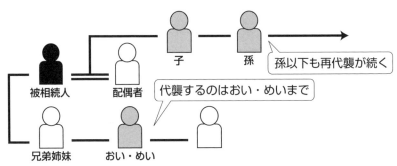

めると、被相続人から見るとほぼ顔も知らない人にまで財産が与えられてしまうからです。

代襲相続が行われる原因（代襲原因）は、死亡、相続廃除、相続欠格によって、相続人となるはずだった被相続人の子か兄弟姉妹が相続権を失うことです。一方、相続放棄の場合は、初めから相続人でなかったことになるので、代襲相続は生じません。

■ 指定相続分と法定相続分

相続人が2人以上いる場合、相続人が受け継ぐ相続財産（遺産）の割合を**相続分**といいます。相続分については、原則として、被相続人の遺言で定められた割合（指定相続分）が優先し、遺言がなければ民法という法律で定められた割合（法定相続分）に従います。

① 指定相続分

被相続人が、相続人ごとの相続分を自由に決めて（遺留分を侵害しないことは必要です）、遺言で指定した相続の割合のことです。具体的な割合を示さずに、特定の人を遺言で指名して、その人に相続分の決定を一任することもできます。

② 法定相続分

民法が定めている相続人の取り分のことです。実際に誰が相続人になるかによって、以下のように法定相続分が変化します。

・配偶者と直系卑属（第1順位）が相続人となる場合
　配偶者の相続分が2分の1、直系卑属の相続分は2分の1
・配偶者と直系尊属（第2順位）が相続人となる場合
　配偶者の相続分が3分の2、直系尊属の相続分は3分の1
・配偶者と兄弟姉妹（第3順位）が相続人となる場合
　配偶者の相続分が4分の3、兄弟姉妹の相続分は4分の1

■ 全血兄弟と半血兄弟

　従来は、嫡出子と非嫡出子との間に区別があり、非嫡出子は嫡出子の2分の1の相続分しかありませんでした。しかし、2013年の民法改正により区別は撤廃され、相続分は同等となりました。

　例外として残っているのは、「全血兄弟」と「半血兄弟」の区別です。**全血兄弟**とは、被相続人と父母の双方を同じくする兄弟をいうのに対し、**半血兄弟**とは、父母の一方だけが同じ兄弟をいいます。

　下図のケースは、被相続人Yに子がなく、直系尊属もすでに死亡していますから、配偶者と兄弟姉妹が相続人になります。Yから見て、Aは父も母も同じなので、Aは全血兄弟に該当します。しかし、BとCは父の後妻の子ですから、父は同じですが、母は異なるので、BとCは半血兄弟に該当します。この場合の相続分は、全血兄弟が2であるのに対し、半血兄弟はその半分の1という割合になります。

　ただし、これは子が推定相続人になる場合ではなく、兄弟姉妹が推定相続人になる場合のみの話ですので注意が必要です。

■ 全血兄弟と半血兄弟

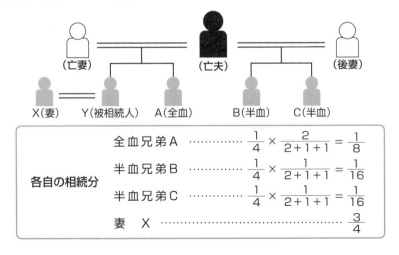

2 相続欠格や廃除について知っておこう

相続欠格の場合は遺贈を受けることもできなくなる

■ 相続欠格とは

　本来は相続人になるはずの人（推定相続人）でも、一定の事情があると、相続人になることができません。このことを**相続欠格**といいます。相続欠格に該当した人（相続欠格者）は、特別な手続きがなくても相続権をすべて失います。相続欠格は、遺言よりも強い効力があるので、相続欠格者は遺贈を受ける資格も失います。これにより、他の人が代わって相続権を得ることになります。なお、親が相続欠格となっても、その子が代襲相続人として相続権を得る場合があります。

　相続欠格となる事情は、以下のように定められています。

① 故意に、被相続人または先順位や同順位にある相続人を死亡させたり、死亡させようとした（未遂）ために、刑（執行猶予付きも含む）に処せられた者

② 詐欺・強迫によって、被相続人が相続に関する遺言をすることを妨げたり、遺言の取消・変更をすることを妨げた者

③ 詐欺・強迫によって、被相続人に相続に関する遺言をさせたり、遺言の取消・変更をさせた者

④ （不当な利益を得る目的で）遺言書を偽造・変造・破棄・隠匿した者

⑤ 被相続人が殺されたことを知って、これを告発・告訴しなかった者

■ 相続廃除とは

　相続欠格ほどの理由がなくても、被相続人の意思によって相続権を奪う**相続廃除**という制度があります。相続廃除の対象になるのは、遺

留分をもっている相続人（配偶者、子およびその代襲者、直系尊属）だけです。遺留分をもたない兄弟姉妹は相続廃除の対象になりませんので、兄弟姉妹に相続させたくない場合は、「兄弟姉妹には相続させない」という内容の遺言をすべきことになります。

相続廃除ができるのは、下図の３つの理由によって、被相続人と相続人の信頼関係が破たんし、相続させる理由がなくなった場合です。相続廃除を行うには家庭裁判所の審判が必要であり、相続廃除が認められると相続権は失いますが、遺贈を受ける資格は失いません。また、代襲相続については相続欠格と同じ取扱いがなされます。

■ 廃除の方法と取消

家庭裁判所に対し相続廃除の審判を申し立てるには、①被相続人が生前に請求する方法、②遺言書に相続人の廃除の意思を示す方法の２つがあります。また、被相続人の気持ちが変わり、廃除を取り消したい場合には、生前に家庭裁判所に申し立てるか、または遺言で廃除の取消の意思を示すこともできます。家庭裁判所により廃除が取り消されると、対象者の相続権は回復します。

■ 相続廃除とは

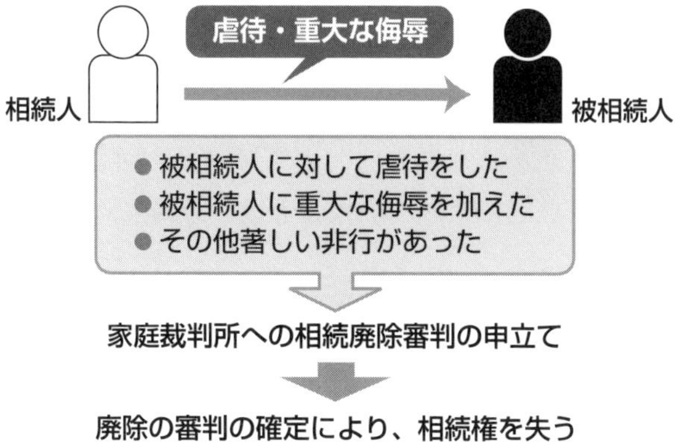

相続人 →（虐待・重大な侮辱）→ 被相続人

- 被相続人に対して虐待をした
- 被相続人に重大な侮辱を加えた
- その他著しい非行があった

↓

家庭裁判所への相続廃除審判の申立て

↓

廃除の審判の確定により、相続権を失う

3 相続放棄について知っておこう

相続放棄をした人の子や孫は代襲相続できなくなる

■■ 相続開始を知ってから3か月以内

　相続するかしないか、つまり相続を承認するか放棄するかは、相続人の自由です。相続放棄をする場合には、被相続人のすべての財産（プラス分とマイナス分）を放棄します。相続放棄をした場合、相続放棄をした人は、最初から相続人ではなかったとみなされます。

　相続放棄するかどうかは、被相続人の死亡の時から3か月以内ではなく、相続の開始を知ってから（自分が相続人になったことを知ってから）3か月以内に決めなければなりません。相続放棄をする場合、相続人が家庭裁判所に相続放棄申述書を提出することが必要です。

　相続人が未成年者や成年被後見人などの制限行為能力者（単独で法律行為を行う能力が制限されている人）の場合には、その法定代理人が制限行為能力者のために、相続の開始があったことを知った時から3か月以内に、相続放棄をするかどうか決める必要があります。

　そして、相続放棄した人（放棄者）は、最初から相続人でなかったとみなされるので、その子や孫が代襲相続することはできません。放棄者は、相続放棄によって新たに相続人となる者が遺産の管理を始めるまでは、所持している遺産を管理する必要があります。

　また、相続放棄があった場合は、放棄者以外の同順位の血族相続人が相続人となり、同順位が誰もいなければ、次順位の血族相続人が相続人となります。

■■ 遺族年金や退職金は個々の判断

　相続放棄と遺族年金・退職金請求権の関係は、それがどのような財

産であるかによって違います。弔慰金や遺族年金が、遺族固有の権利であれば、相続放棄に関係なく自分の権利として請求できます。しかし、故人である被相続人に支払われるべき相続財産（遺産）にあたるものについては、相続を放棄すれば請求できなくなります。

■ 事故に対する損害賠償請求権は相続財産になる

死亡者本人の物的損害に対する賠償金や、精神的損害（苦痛など）に対する慰謝料といった損害賠償請求権は相続財産になります。たとえば、被相続人が事故死した場合、本人が取得した加害者に対する損害賠償請求権は相続財産となり、相続人に受け継がれますが、相続放棄をした相続人はこれを相続できません。

■ 相続人である子が相続放棄をした場合の相続分の例

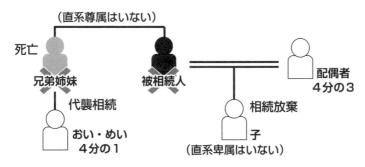

■ 相続放棄の手続き

ただし、加害者に対し遺族として苦痛を受けたことの慰謝料を請求するのであれば、これは遺族自身に生じた固有の損害であって、相続財産ではありませんので、相続放棄とは関係なく請求できます。

■■生命保険金の請求権

被相続人が生命保険金の受取人になっている場合、その保険契約上の権利は被相続人に属する相続財産ですから、放棄者（相続放棄をした相続人）は、これを相続することができません。

一方、被相続人が死亡した場合の保険金受取人として指定されている者が、当初から放棄者であった場合、生命保険金は相続財産に含まれませんので、放棄者は保険金を請求できます。特定の個人を保険金受取人として定めていた場合、その特定の個人を保険金受取人とする趣旨の記載であることから、たとえ相続放棄によって相続人の資格を失っても、保険金請求権の保険金受取人としての資格は失われないとする判例があるからです。ただし、放棄者が生命保険金を受け取った場合は、相続税を支払う義務が生じます。

■■相続分皆無証明書（特別受益証明書）と相続放棄

相続放棄はしないが、自分の相続分を他の相続人に譲るための方法があります。それが「相続分皆無証明書」を作成する方法です。

相続分皆無証明書（相続分がないことの証明書）とは、自分には特別受益（73ページ）があるから相続分がないので、他の相続人だけに相続を認めるという趣旨の証明書のことです。相続分皆無証明書を添付することで、他の相続人だけで不動産の相続登記を申請できるというメリットがあります。なお、相続登記申請をするには印鑑証明書の添付も必要ですが、相続分皆無証明書の作成当時の印鑑証明書でよいとされており、3か月以内などの期間制限はありません。

もっとも、自分だけが先順位者で配偶者もいない場合は、自分だけ

が相続人ということになるので、相続分皆無証明書を作成して後順位者に相続財産を譲ることはできません。この場合、後順位者に相続財産を譲りたいのであれば、相続放棄をすることが必要です。

また、相続分皆無証明書は、特別受益があるといった事情により「自分には相続分がない」ことを証明するに過ぎず、借金などのマイナスの財産も含めて相続を否定する相続放棄とは意味が異なります。相続分皆無証明書を作成しても、借金などは法定相続分に応じて弁済義務を負担することに注意しなければなりません。借金などの負担を免れたいのであれば、相続放棄をすることが必要です。

■ 相続分皆無証明書の偽造

相続分皆無証明書は紙と実印があれば比較的簡単に作成できることから、無断で相続分皆無証明書が作成されたり（相続分皆無証明書の偽造）、他の不動産の相続登記のために作成した相続分皆無証明書が流用されることがあります。相続分皆無証明書を作成する際は、相続を否定する対象不動産を明記することが大切です。

登記申請を受け付ける法務局は、偽造や流用であっても書類の記載や押印（本人の実印が押してあればよい）に不備がなければ、書類に記載された名義人が自分の相続分を否定したとみなしますから、名義人を除く他の相続人の名義で相続登記が行われてしまいます。もっとも、偽造した書類を添付した不正の登記は無効であることはいうまでもなく、刑法上の有印私文書偽造および同行使罪になります。

この場合、偽造された側の相続人（名義人）が、身内として刑事事件にはしたくないとすれば、民事事件として自分を含めた相続登記をさせるための手続き（所有権移転登記、真正な登記名義の回復、抹消登記の手続きなど）を求めます。遺産分割協議が終わっていなければ、是正を求めることもできますし、相続回復請求権（自分の相続分を回復するための権利）の対象になることもあります。

4 相続の承認について知っておこう

単純承認と限定承認があり、限定承認は全員で行うことが必要

■■ 相続財産にはマイナスもある

相続財産（遺産）には、積極財産（プラスの財産）と消極財産（マイナスの財産）があります。たとえば、住宅ローンで家を買った場合は、家が積極財産、住宅ローンの残高が消極財産です。「家は相続するが、住宅ローンはいやだ」などというわがままは許されません。

相続人は、プラスの財産だけでなく、マイナスの財産も相続の対象になる（包括承継）ということを十分理解して、被相続人の相続財産を相続するのか、それとも放棄するのかを決める必要があります。

■■ 相続するかどうかの選択

借金などの債務も消極財産として相続財産に含まれますから、被相続人の死亡によって、相続人は積極財産だけでなく、消極財産である債務も承継します（包括承継）。しかし、多額の借金を背負って、遺族は一生借金地獄の苦しみに耐えなければならないのでしょうか。いかに被相続人のしたこととはいえ、いささか酷な話です。

そこで、民法は相続財産を受け入れるか否かを、相続人の自由な選択に任せることにしています。債務も含めた相続財産をすべて受け入れることを**相続の承認**といいます。一方、債務はもちろん積極財産の受入れもすべて拒否することを相続放棄といいます。

■■ 相続の承認の種類

相続の承認には2つの方法があります。1つは、相続財産を債務を含めて無条件かつ無制限にすべて相続することを認める場合で、これ

を**単純承認**といいます。一般に「相続する」というのは、単純承認のことを指します。

単純承認した場合には、被相続人の権利義務をすべて引き継ぐのが原則です（包括承継）。たとえマイナスの財産（義務）であっても、相続分の割合に応じて責任を負います。具体的には、相続人には相続債務（被相続人が負担していた債務）の弁済義務が生じます。なお、以下の3つのいずれかの場合には、単純承認をしたとみなされます。

① 相続人が相続開始を知った時から3か月以内に限定承認または相続放棄をしなかった場合
② 相続人が相続財産の全部または一部を処分した場合（短期賃貸借と保存行為は除く）
③ 相続人が消極財産を相続しないために相続放棄や限定承認をした後であっても、相続財産の全部あるいは一部を隠匿したり消費した場合、または悪意で財産目録中に相続財産を記載しないなどの不正行為をした場合

■ 条件つきで相続するのが限定承認

相続によって得た積極財産の範囲内で、被相続人の消極財産を負担するという条件つきの相続を**限定承認**といいます。限定承認は、負債額が不明な場合などに申し立てると、予想以上の借金などの債務を相続するリスクを回避できます。

限定承認が認められると、相続人は、相続財産だけでは相続債務の弁済について不足分があっても、自分の財産から弁済する義務はありません。ただし、限定承認の場合も、債務はいったん全部引き継ぎます。債務自体を引き継がない相続放棄とは違い、債務の弁済義務や強制執行（裁判所が権利者の権利内容を強制的に実現する手続き）が相続財産の範囲に限定される、というのが限定承認の特徴です。

また、債務超過であるとしても、相続財産の中にどうしても手放し

たくない自宅などの財産がある場合は、限定承認を選択することが考えられます。限定承認においては、相続人が優先的に相続財産を買い取る権利（先買権）が認められており、家庭裁判所が選任した鑑定人の鑑定価格以上を支払えば、競売に参加することなく、優先的に自宅など特定の財産の所有権を取得できるというわけです。

限定承認については、相続人全員が一致して行わなければならないことに注意が必要です。したがって、1人でも「単純承認だ」という相続人がいる場合は、他の相続人も限定承認ができません。一方、相続人の中に相続放棄をした人がいる場合は、その人を除く全員が合意すれば限定承認ができます。

限定承認をするときは、相続開始を知った日から3か月以内に、家庭裁判所に対し「相続限定承認申述書」を提出します。財産目録に記載漏れなどがあった場合には、単純承認したものとみなされる場合があるので気をつけましょう。限定承認が認められると、家庭裁判所によって相続財産管理人が選ばれ、清算手続きをすべて行います。相続財産管理人には、相続人のうちの1人が選任されます。

■ 限定承認の手続き

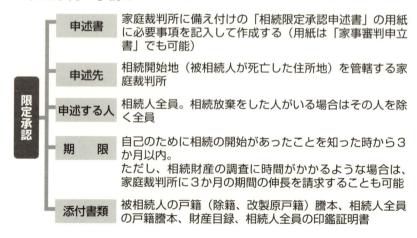

限定承認		
	申述書	家庭裁判所に備え付けの「相続限定承認申述書」の用紙に必要事項を記入して作成する（用紙は「家事審判申立書」でも可能）
	申述先	相続開始地（被相続人が死亡した住所地）を管轄する家庭裁判所
	申述する人	相続人全員。相続放棄をした人がいる場合はその人を除く全員
	期限	自己のために相続の開始があったことを知った時から3か月以内。 ただし、相続財産の調査に時間がかかるような場合は、家庭裁判所に3か月の期間の伸長を請求することも可能
	添付書類	被相続人の戸籍（除籍、改製原戸籍）謄本、相続人全員の戸籍謄本、財産目録、相続人全員の印鑑証明書

5 特別受益を受けると相続分はどう変わるのか

遺留分に反しない限りは尊重される

■ 特別受益とは

相続人が被相続人から特別に財産をもらうことを**特別受益**といいます。特別に財産をもらった相続人が特別受益者です。そして、相続開始時の財産（遺贈を含む）に特別受益にあたる贈与（生前贈与）を加えたものが全相続財産（みなし相続財産）となります（これを特別受益の「持戻し」といいます）。その上で、相続人間の公平性を図るために、全相続財産を基準として具体的相続分を計算します。特別受益を受けた相続人の具体的相続分を計算する際には、特別受益を前渡し分として差し引きます（75ページ図）。

ただし、被相続人が遺言で特別受益を差し引かないと決めていた場合は、その遺言に従うことになります。このとき、特別受益が遺留分を侵害していれば、遺留分を有する相続人は、特別受益者に対して遺留分侵害額請求を行うことが可能です（82ページ）。

■ 特別受益に該当する贈与や遺贈

特別受益に該当するものとして、①相続人が婚姻または養子縁組のために受けた贈与があります。結婚資金の贈与などが該当します。

また、②相続人が生計資金として受けた贈与も該当します。住宅の購入資金の援助や特別な学費など、他の相続人とは別に、特別にもらった資金などが含まれます。ただし、新築祝いなどの交際費の意味合いが強いものや、その場限りの贈り物などは含まれません。

さらに、③相続人が受けた遺贈も特別受益に該当します。贈与の場合と異なるのは、遺贈がすべて特別受益に該当する点です。なお、遺

贈された財産は、相続開始時まで被相続人に帰属していたものなので、相続開始時の財産に含むものとして扱われます（次ページ図）。

■■ 贈与や遺贈が多すぎる場合はどうか

特別受益にあたる贈与や遺贈が多すぎると、計算上の具体的相続分がマイナスとなる場合がありますが、この場合は自らの具体的相続分がゼロになるだけです。被相続人の自由意思による贈与や遺贈は、特別受益に該当するとしても、遺留分に反しない限り尊重されます。

■■ 居住用不動産の贈与・遺贈に対する「持戻し免除の意思表示」の推定に関する改正

被相続人が、自分の死後、残された配偶者が安心して暮らしていけるように、居住用不動産を贈与・遺贈するケースがあります。被相続人から相続人である配偶者が居住用不動産の贈与・遺贈を受けることは「特別受益」に該当します（前ページの②・③に該当します）。そのため、特別受益を全相続財産に持ち戻した上で、それぞれの相続人の具体的相続分を計算することになります。

たとえば、妻A、子Bが相続人の場合で、被相続人から妻Aへ居住用不動産（評価額2000万円）が贈与され、相続開始時の財産は預貯金2000万円のみとします。ABの具体的相続分を算定する際は、贈与された居住用不動産2000万円も相続開始時の財産に含めて計算しますので、「居住用不動産2000万円＋預貯金2000万円＝4000万円」が全相続財産となります。そして、4000万円を法定相続分に応じて分配すると、Aは2000万円、Bは2000万円となる結果、Aの具体的相続分は特別受益（2000万円）を控除した「ゼロ円」となるので、Aは預貯金をまったく相続できません。これでは、居住用不動産を確保できても、その後の生活に支障をきたしかねません。

2018年に成立した相続法改正では、Aのような生存配偶者の生活保

障を図る趣旨から、婚姻期間が20年以上の夫婦間でなされた贈与・遺贈のうち居住用不動産（建物やその敷地）については「持戻し免除の意思表示」があったと推定する規定が置かれました。つまり、居住用不動産の贈与・遺贈については、原則として居住用不動産の価額（特別受益）を持ち戻して計算する必要はないことになります。

本ケースでも、夫から妻Aに生前贈与された居住用不動産2000万円の持戻しは不要となりますので、全相続財産は「預貯金2000万円」となるとともに、特別受益の控除も行われませんので、妻Aは1000万円を相続します。これにより、生存配偶者の最終的な相続財産の取得分が増加しますので、生活の安定が図られるというわけです。

■ **特別受益者の具体的相続分の算定方法**

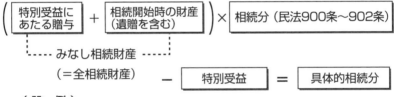

（設　例）

> 被相続人Aの子BCDの3人が相続人として存在し、相続財産が1000万円ある場合で、BがAから200万円の特別受益に当たる生前贈与を受けていた場合、BCD各自の具体的相続分はいくらとなるか。

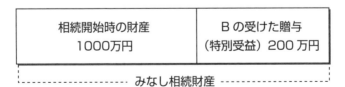

Bの具体的相続分：$(200万円 + 1000万円) \times \dfrac{1}{3} - 200万円 = 200万$

C・Dの具体的相続分：$(200万円 + 1000万円) \times \dfrac{1}{3} = 400万$

6 寄与分を受けると相続分はどう変わるのか
寄与分は本来の相続分にプラスされる

■■ 財産形成に対する特別な貢献を評価する

相続人には相続分の他に寄与分という取り分があり、相続分に加えられることがあります。**寄与分**とは、被相続人の財産の維持または増加に「特別の寄与」（財産形成に対する特別な貢献）をした相続人（寄与者）に対して、本来の相続分とは別に、寄与分を相続財産の中から取得できるようにする制度のことです。

寄与分制度は、特別受益者の相続分と同様に、法定相続分の計算方法を修正して、相続人同士の実質的な公平を図るための制度です。

たとえば、配偶者としての貢献や親孝行などは、特別の寄与とは認められず、寄与分制度の対象になりません。しかし、被相続人に事業資金を提供したことで被相続人が倒産を免れた場合や、長期療養中の被相続人の看護に努めたことで被相続人が看護費用の支出を免れた場合などは、特別の寄与と認められ、寄与分制度の対象となります。

また、現行法上寄与分は相続人だけに認められる制度ですから、相続人でない人には寄与分が認められません。ただし、寄与分とは異なりますが、相続人がいない場合に、被相続人と生計を同じくしていた者（内縁関係の夫・妻など）や、被相続人の療養看護に努めた者などが「特別縁故者」（56ページ）に該当するとして、家庭裁判所の審判により、遺産の一部または全部の取得が認められることがあります。

■■ 寄与分の具体的な計算方法

寄与分の算出方法は、まず、相続財産の総額から寄与分を差し引いた「みなし相続財産」を決定します。次に、みなし相続財産を相続分

に応じて分けて、寄与分は寄与者に与えます（次ページ図）。

たとえば、妻と長男、二男、長女の4人が相続人で、相続財産が2000万円、長男の寄与分が200万円である場合は、下記のように、寄与者である長男の相続分は500万円となります。

・相続財産…………2000万円－200万円＝1800万円
・妻の相続分………1800万円×2分の1＝900万円
・長女の相続分…（1800万円－900万円）×3分の1＝300万円
・二男の相続分…（1800万円－900万円）×3分の1＝300万円
・長男の相続分……300万円（本来の相続分）＋200万円（寄与分）＝500万円

なお、寄与分の割合について特段の定めはありませんが、相続財産の総額から遺贈の価額を控除した額を超えることはできません。

■ 相続人以外の者の特別の寄与についての改正

寄与分制度は、相続人だけを対象とする制度であるため、次のようなケースにおいて、不都合が生じる場合があります。たとえば、父Aが亡くなり、Aには相続人として子Bと子Cがいて、Cの妻DがAの生前の療養看護を担当していたという場合を考えてみましょう。

仮にAの財産が1000万円であったとすると、法定相続分に従うならば、相続人BとCが各500万円ずつを相続します。しかし、日常生活におけるAの世話を見てきたのはDであるにもかかわらず、DはAの相続に関して、何らかの主張ができないのでしょうか。

被相続人を献身的に介護したり、被相続人の家業に従事したりするなどして被相続人の財産の維持や増加に特別な貢献をした場合は、その貢献を寄与分として考慮して、相続分に上乗せすることが認められています。しかし、寄与分が認められるのは相続人に限定されるため、

たとえ相続人の妻が被相続人を献身的に介護しても、その貢献は寄与分として認められません。したがって、本ケースにおけるDは、寄与分を主張することはできません（Dの貢献を相続人Cの貢献と考えて、相続人Cの寄与分として認められる可能性はあります）。

　こうした不公平な取扱いを是正するため、2018年の相続法改正では、本ケースのDのように、相続人でない被相続人の親族が、無償で被相続人の療養看護などの労務の提供を行い、被相続人の財産の維持・増加に特別の寄与をした場合、そのような親族を**特別寄与者**として扱い、相続人に対して、相当額の金銭（特別寄与料）の支払いを請求できるとする規定が置かれました。

　特別寄与料の請求ができるのは「相続人でない被相続人の親族」です。具体的には、①6親等内の血族、②配偶者、③3親等内の姻族を指しますが、相続人、相続放棄をした者、相続欠格に該当する者、廃除された者は除外されます。本ケースのDは、③（1親等の姻族）にあたるので、相続人B・Cに特別寄与料の支払いを請求できます。

　また、相続法改正では、当事者間で特別寄与料についての協議が調わない場合は、家庭裁判所に処分の請求（特別寄与料を定める請求）をすることができるという規定も置かれました。

■ **寄与分のしくみ**

※寄与が認められた相続人Aは寄与分＋相続分を受け取ることができる

7 遺留分について知っておこう

遺留分は侵害できない

■■ 指定相続と遺留分

　遺言による相続分の指定や遺贈、さらに生前贈与は、被相続人（遺言者）の自由ですが、すべての財産を被相続人が勝手に他人に譲渡してしまうようなことがあれば、残された相続人の生活や相続への期待が守られません。そこで、兄弟姉妹以外の相続人（遺留分権利者）には、遺言によっても影響を受けない**遺留分**（法律上決められている最低限の相続できる割合）が保障されています。

　遺留分権利者全体に保障された遺留分（総体的遺留分）は、直系尊属だけが相続人の場合は相続財産の3分の1、それ以外の場合は相続財産の2分の1です。遺留分権利者が複数いる場合は、法定相続分に基づく各人の遺留分（具体的遺留分）を決めます。

■■ 遺留分算定の基礎となる財産

　遺留分を算定する場合、その算定の基礎となる財産（基礎財産）を確定することが必要です。基礎財産は「相続開始時の財産（遺贈された財産を含む）＋生前に贈与した財産－借金などの債務」という計算式によって求めます。ただし、「生前に贈与した財産」は、相続人以外の人に対する贈与か、相続人に対する贈与かによって、遺留分の算定の基礎となる財産に含まれるかどうかの判断基準が異なります。

　まず、相続人以外の人に対する贈与は、①相続開始前の1年間にした贈与と、②相続開始の1年前の日より前にした当事者双方が遺留分権利者に損害を与えることを知った上での贈与が含まれます。

　一方、相続人に対する贈与は、③相続開始前の10年間にした特別受

益となる贈与と、④相続開始の1年前の日より前にした当事者双方が遺留分権利者に損害を与えることを知った上での贈与が含まれます。後述するように、相続人への贈与は①について改正がありました。

■ 遺留分算定方法の見直しについて

　改正前は、相続人に対する贈与については、特別受益にあたるものであれば、贈与の時期を問わず算入するのが判例の考え方でした。

　たとえば、被相続人Aの相続人が妻Bと子Cであった場合、相続開始時の財産は0円ですが、Aは30年前に1000万円を生計の資本としてCに贈与しており、相続人以外のDには400万円を遺贈していたとします。改正前は、30年前の贈与も特別受益であれば基礎財産に含めるので、Bの遺留分は「(1000万円＋400万円)×1/4＝350万円」となります。遺留分は「遺贈→贈与」の順に遺留分を侵害する範囲で効力が否定されるので、Bが遺留分減殺請求権を行使すると、Dは50万円しか取得できませんでした。

　しかし、30年前のCへの贈与が特別受益に該当せず、基礎財産に算入されないとすれば、BとCはそれぞれ「400万円×1/4＝100万円」の遺留分を侵害されたことになるので、双方が遺留分減殺請求権を行使しても、Dは200万円の取得が可能でした。

　このような改正前の考え方では、被相続人が何十年も前に行った相続人に対する贈与の価額が基礎財産に算入されるかどうかによって、相続人以外の受遺者・受贈者が受ける減殺の範囲が大きく変わることになり、法的安定性が害される危険性がありました。

　そこで、2018年の相続法改正では、相続人に対する贈与は、原則として「相続開始前の10年間にした特別受益となる贈与」に限定する旨が明文化されました。これにより、前述の事例で30年前のCへの生前贈与は、贈与に関わった者が意図的に遺留分権利者に損害を与えることを意図しない限り、遺留分算定の基礎財産から除かれます。

また、負担付贈与がなされた場合、遺留分算定の基礎財産に算入するのは、その目的の価額から負担の価額を控除した額となります。
　さらに、不相当な対価による有償行為（著しく廉価な価額で売却する行為など）がなされたときは、当事者双方が遺留分権利者に損害を与えることを知っていた場合に限り、不相当な対価を負担の価額とする負担付贈与がなされたとみなします。
　以上をまとめると、相続法改正においては、遺留分侵害額を求める計算式を以下のように明文化したということができます。

> ・遺留分額＝「遺留分算定の基礎財産の額」×「総体的遺留分」×「遺留分権利者の法定相続分」
> ・遺留分侵害額＝「遺留分額」－「遺留分権利者が受けた特別受益の額」－「遺留分権利者が相続で取得した積極財産の額（遺贈分を含む）」－「遺留分権利者が相続により負担する債務の額」

■■ 受遺者等が相続債務を消滅させる行為をした場合

　被相続人の事業を承継するため、債務を含めてすべての財産を承継した特定の相続人に対し、他の相続人が遺留分侵害額請求権を行使したとします。たとえ特定の相続人がすべて承継することになっても、相続債権者は、各相続人に対し法定相続分に応じた相続債務の弁済を請求できるため、遺留分権利者も相続債務を負っています。
　相続法改正では、受遺者等（受遺者や受贈者）が相続債務を弁済するなどして相続債務を消滅させた場合、受遺者等は、消滅した相続債務額の限度で、遺留分権利者に対し、遺留分侵害額請求権の行使により負担した金銭債務の消滅を請求できることが規定されました。

8 遺留分が侵害された場合や遺留分の放棄について知っておこう

相続法改正で遺留分侵害に対し金銭支払請求だけが可能となった

■■ 遺留分侵害額請求とは

　遺留分が侵害されたとわかった場合、遺留分権利者は、遺贈や贈与を受けた相手方（受遺者や受贈者）に対して、自らの遺留分の回復を請求することができます。遺留分権利者が侵害された遺留分の回復を請求することを**遺留分侵害額請求**といいます。相続法改正に伴い「遺留分減殺請求」から名称が変更されました（21ページ）。遺留分権利者が遺言どおりでよいと考えるのであれば、遺留分侵害額請求をしなくてもかまいません。

　遺留分侵害額請求をするとの意思を示す方法については、とくに決まりはなく、遺留分を侵害している相手方に対して、遺留分侵害額請求権を行使する意思表示をすれば足ります。

　遺留分侵害額請求は、まず遺贈について行い、それでも遺留分の侵害が解消されない場合は贈与（生前贈与）について行います。贈与については「後の贈与」（一番新しく行われた贈与）から順番に、遺留分の侵害が解消されるまで、遺留分の回復が行われます。

　なお、相続人に対する特別受益に該当する贈与は、相続分の前渡しとみなされます。この場合の贈与は、原則として10年前までの贈与が遺留分侵害額請求の対象となりますが（相続法改正前は期間の制限なく減殺の対象でした、80ページ）、他の相続人の遺留分を害することを知りながら贈与した場合に限るという制限はありません。

■■ 遺留分侵害額請求権の消滅

　遺留分侵害額請求は、遺贈を受けた人（受遺者）や、贈与（生前贈

与)を受けた人(受贈者)に対して、その権利(遺留分侵害額請求権)を行使するという意思表示をすれば、遺留分侵害額請求権を行使したことになります。

遺留分侵害額請求権の行使期間は1年間です。この「1年間」の計算については、相続開始および遺留分を侵害する贈与や遺贈があったことを知った日から数え始めます。ただし、相続開始または遺留分を侵害する贈与や遺贈があったことを知らずにいたとしても、相続開始日から10年を経過したときは、遺留分侵害額請求権が消滅します。

■ どのように遺留分侵害額請求を行うのか

遺留分侵害額請求をしたい遺留分権利者は、各自で意思表示をしなければなりませんが、時効による権利消滅を防ぐため、通常は配達証明付内容証明郵便で請求します。その場合、遺留分を侵害している受遺者や受贈者の全員に対して送付します。交渉が困難な場合は、家庭

■ ケース別で見る遺留分権利者の遺留分

	配偶者	子	直系尊属	兄弟姉妹
①配偶者と子がいる場合	($\frac{1}{4}$)	($\frac{1}{4}$)		
②子だけがいる場合		($\frac{1}{2}$)		
③配偶者と父母がいる場合	($\frac{1}{3}$)		($\frac{1}{6}$)	
④父母だけがいる場合			($\frac{1}{3}$)	
⑤配偶者だけがいる場合	($\frac{1}{2}$)			
⑥配偶者と兄弟姉妹がいる場合	($\frac{1}{2}$)			(0)
⑦兄弟姉妹だけがいる場合				(0)

裁判所の調停や、訴訟の提起を通じて請求することになります。

　遺留分侵害請求の対象となる財産が複数ある場合は、請求の順序が決まっています。つまり、まず遺贈について行い、それでも不足している（遺留分の侵害が解消されない）ときに贈与（生前贈与）について行います。贈与が複数行われていた場合は、一番新しく行われた贈与から行います。一方、遺贈が複数ある場合で、遺贈のみで遺留分の侵害が解消されるときは、遺贈全体について財産の取戻し対象となる財産の価格に応じて請求を行います。

■ なぜ遺留分減殺請求権が見直されたのか

　2018年の相続法改正では、遺留分減殺請求権の見直しが行われました。
　たとえば、次の事例を考えてみましょう。夫Aが死亡し、Aには妻Bと子Cがいた場合、Aの財産として建物（2000万円相当）だけがあるときは、法定相続分に従うと、相続人であるBとCは、建物を持分2分の1ずつの割合で持ち合い、共有関係に入ります。しかし、Aが生前に「建物はすべてCに相続させる」という内容の遺言を遺していた場合、Aの死後、建物はすべてCが相続します。この場合、Bは、Aの死後に受け取ることができたはずである建物の2分の1の持分を、Aの遺言によって侵害されたとみることができます。
　改正前は、遺留分減殺請求権を行使すると、遺贈や贈与は遺留分を侵害する限度で失効し、原則として減殺された限度で、その財産は遺留分権利者のものとなりました。前述した事例では、Bが遺留分減殺請求権を行使すると、建物について4分の1（Bの個別的遺留分が4分の1だからです）の持分を取得し、残り4分の3の持分をもつCとの間で共有関係に入ります。
　ところが、改正前の遺留分減殺請求権は、上述の事例のように相続財産が不可分な不動産などである場合、当然に不動産などの所有権について相続人同士の共有関係に入ることを強制します。そのため、事

業用の不動産を相続する場合などに、単独の相続人（後継者）が事業を継続するのに支障が生じるといった不都合が指摘されていました。

そこで、相続法改正では、遺留分減殺請求権を「遺留分侵害額請求権」に改めた上で、金銭による解決を図ることにしたわけです。

相続法改正による遺留分侵害額請求権については、これを行使しても遺留分権利者に財産の所有権は帰属せず、ただ遺留分侵害額相当の金銭債権が発生することになります。つまり、遺留分権利者が遺留分侵害請求権を行使しても、遺留分権利者は、受遺者や受贈者に対して、財産の返還を請求することはできず、遺留分侵害額に相当する金銭の支払いを請求できるにとどまるわけです。

そのため、前ページの事例でBが遺留分侵害額請求権を行使しても、建物の所有権はCの単独所有のままで、Cは、Bに対して、Bの遺留分侵害額相当である500万円の支払義務を負担するにとどまります。これにより、権利関係が複雑になることもありませんし、Cが建物を用いてAの事業を承継する場合にもスムーズに承継ができます。

なお、相続法改正では、受遺者や受贈者が遺留分侵害額請求による金銭債務の支払いに応じられない場合は、裁判所に請求することで、相当期間支払の猶予を受けられるしくみも整えられました。

■遺留分の放棄には家庭裁判所の許可が必要

遺留分権利者は、被相続人の生前に遺留分を放棄することもできます。その場合、家庭裁判所の許可が必要になります。

たとえば、ある人が生前に、配偶者に主要な財産を残したいと思った場合には、相続人になる見込みの人たちと話し合って遺留分を放棄してもらう方法があります。つまり、遺留分の放棄は、被相続人の遺言が遺留分権利者の遺留分を侵害することが明らかである場合、その遺言の効力を有効にするためのものだといえます。

被相続人の生前に遺留分を放棄したい場合は、遺留分権利者が自ら

家庭裁判所に対し「遺留分放棄許可審判申立書」を提出して、遺留分放棄の許可を得なければなりません。被相続人の生前に自由な遺留分の放棄を認めると、被相続人や他の推定相続人により強制的に遺留分を放棄させられるおそれがあるため、遺留分の放棄が本人の真意に基づくものであるかどうか、遺留分権利者の利益を不当に害するものでないかどうかを家庭裁判所で審理してもらうことにしています。

申立書が提出されると、家庭裁判所は審問期日に放棄を申し立てた本人の出頭を求め、審判官（裁判官）が真意を審問します。具体的には、遺留分とその放棄についての質問があります。そして、放棄が遺留分権利者の自由意思によるものかどうかや、放棄する理由などについての質問があります。そして、放棄の理由が妥当と判断されれば、遺留分放棄の審判があり、審判書が交付されます。この審判に異議を申し立てることはできません。

■ 相続開始後の遺留分の放棄

相続開始後は、遺留分を自由に放棄することができます。遺留分の放棄の方法については、特段の規定がありませんので、遺留分を放棄する旨を遺産分割協議の場で意思表示をしても有効です。

ただし、相続財産（遺産）の存在など事実関係の認識を誤ったり、他の相続人により騙されて遺留分を放棄した場合には、遺留分の放棄も含めた遺産分割協議の無効などが問題になる場合があります。

■ 遺留分放棄をするには

```
                    ┌─────────┐
                    │ 相 続 開 始 │
                    └─────────┘
  ────────↑─────────┼─────────↑────────→
   家庭裁判所の許可が必要      自由に放棄できる
```

ケース別　相続分早わかり

Case1　被相続人に先妻と後妻がいて、どちらにも子がいるケース

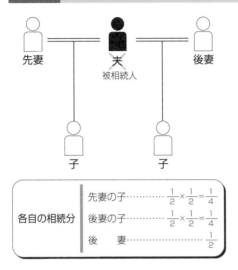

被相続人に先妻の子と後妻の子がいる場合、相続分はどうなるのでしょうか。先妻の子も後妻の子も「子」であることに変わりはありませんから、相続分は均等です。配偶者（後妻）の相続分は2分の1で、残りの2分の1を子2人が均等に（4分の1ずつ）分け合います。なお、先妻が生きていても相続の時点では被相続人の配偶者ではありませんから、相続権はもちろんありません。

Case2　妻と兄弟姉妹がいる上に、妻が妊娠中のケース

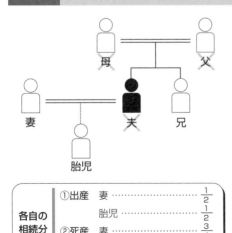

胎児は相続については、すでに生まれたものとみなされます。ただ、胎児の時点から相続人として扱うのか、生きて生まれた場合に遡って相続人として扱うのか、については議論されています。

いずれにせよ、胎児が生きて生まれると、相続人は妻と子だけになります。死産であった場合は、妻と兄が相続人になります。出産があるまでは、遺産分割はすべきではないでしょう。

Case3 妻と子が相続するケース

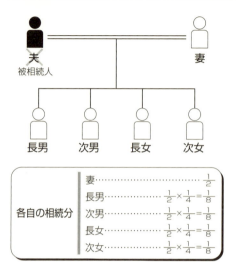

夫が死亡して、妻と4人の子が残されたというケースです。配偶者と子が相続人となる場合には、配偶者の相続分は2分の1ですから、妻の相続分は2分の1となります。反対に妻が死亡した場合は夫の相続分が2分の1です。

また、子の相続分も2分の1で、子が複数いる場合には2分の1を均等に分け合います。本ケースでは4人の子がいますので、各人の相続分は8分の1ずつとなります。

Case4 親・妻・子が残されたというケース

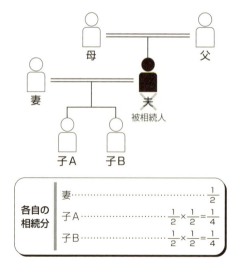

このケースは、夫が死亡して、その親と妻そして子が残されたというケースです。

この場合、夫の親がまだ生存していますが、相続人にはなりません。相続人は、妻と子だけということになります。そして、相続分は、妻が2分の1、残りの2分の1を複数の子がいる場合には均等に分け合います。この場合には、子ＡＢの間で4分の1ずつ均等に分け合うことになります。

Case5 妻と親が相続するケース

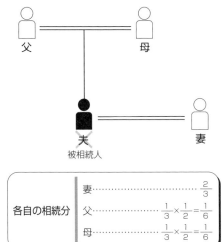

被相続人に子や孫などの直系卑属がいる場合は親や祖父母などの直系尊属が相続人になることはありませんが、いない場合は直系尊属が配偶者とともに相続人になります。

この場合、配偶者の相続分が3分の2で、直系尊属の相続分が3分の1となります。父母が健在の本ケースでは、妻が3分の2を相続し、親の相続分である3分の1は父と母で6分の1ずつ均等に分け合います。

Case6 妻と兄弟姉妹が相続するケース

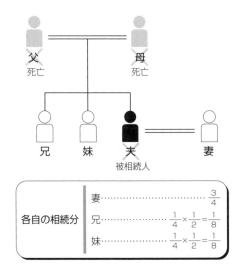

夫が死亡したが、子や孫などの直系卑属も父母や祖父母などの直系尊属もいないという場合には、兄弟姉妹が配偶者とともに相続人になります。この場合、配偶者の相続分が4分の3で、兄弟姉妹の相続分が4分の1となります。兄弟姉妹の相続分は親よりもさらに少ないのです。本ケースでも妻が4分の3を相続し、兄と妹は4分の1を均等に分け合って8分の1ずつを相続することになります。

Case7　子だけが相続するケース

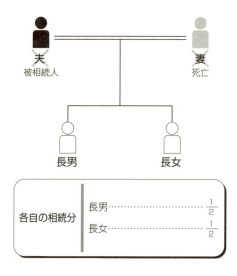

夫が死亡したが、それより前に妻も死亡していて、残されたのは子だけというケースです。この場合、妻が相続することはもちろんあり得ません。夫の遺産はすべて子が相続します。被相続人に親や兄弟姉妹がいても同じです。子が複数いる場合には、均等に遺産を分け合います。本ケースでは長男と長女の2人の子がいますので、それぞれの相続分は2分の1ずつということになります。

Case8　親だけが相続するケース

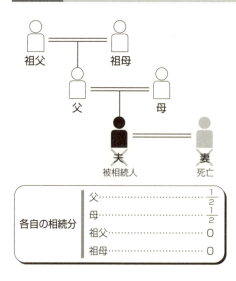

夫が死亡したが、すでに妻も死亡していて2人の間に子や孫もいないというケースです。この場合には、直系尊属のうち親等の最も近い者が相続人となります。本ケースでは祖父母よりも親等の近い親が相続人となりますので、父と母がそれぞれ2分の1ずつの相続分をもつことになります。なお、被相続人に直系卑属がいる場合には、親などの直系尊属が相続人となることはありません。

Case9　兄弟姉妹だけが相続するケース

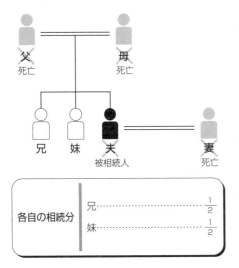

夫が死亡したが、すでに妻も死亡しており、子や孫などの直系卑属もおらず、親や祖父母などの直系尊属もいないというケースです。この場合には、兄弟姉妹だけが相続人となります。本ケースでは被相続人に兄と妹がいますので、それぞれの相続分は2分の1ずつとなります。なお、被相続人に直系卑属または直系尊属の誰かがいる場合には、兄弟姉妹が相続人となることはありません。

Case10　子と兄弟姉妹がいるケース

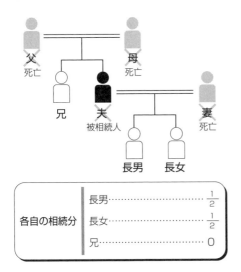

夫が死亡したが、すでに妻も死亡していて、残されたのは2人の子と兄だけであるというケースです。この場合、相続の時点ですでに死亡している妻に相続分が認められないのは当然です。また、子がいる以上、被相続人の親や兄弟姉妹が相続人となることもありません。親や兄弟姉妹が相続人となるのは先順位の相続人がいない場合だけです。長男と長女が遺産を2分の1ずつ相続します。

Case11　親と兄弟姉妹がいるケース

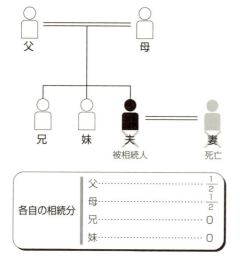

夫が死亡したが、すでに妻も死亡しており、子や孫などの直系卑属もいないというケースです。この場合、第2順位の相続人である直系尊属が遺産のすべてを相続することになります。第2順位の相続人がいる以上、第3順位の相続人である兄弟姉妹に相続権が認められることはありません。本ケースでも直系尊属である父母がそれぞれ2分の1ずつの相続分をもち、兄と妹の相続分はありません。

Case12　子と親がいるケース

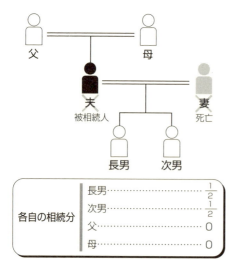

夫が死亡したが、すでに妻も死亡しており、長男と次男だけが残されたというケースです。この場合、妻の相続分が認められないのはもちろんです。また、第1順位の相続人である子がいる以上、第2順位の直系尊属が相続人となることもありません。夫の遺産はすべて子が相続するということになります。長男と次男の相続分は、それぞれ2分の1ずつということになります。

Case13　孫が子を代襲相続するケース

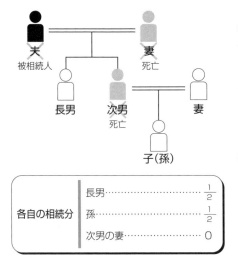

夫が死亡したが、すでに妻が死亡しており、2人の息子のうち次男も死亡していたというケースです。この場合、次男に子（被相続人の孫）がいなければ、長男が遺産のすべてを相続することになりますが、次男に子（孫）がいる場合には、その子が次男に代わって相続（代襲相続）します。長男の相続分が2分の1で、孫の相続分が2分の1ということになります。次男の妻に相続権はありません。

Case14　妻と実子と養子がいるケース

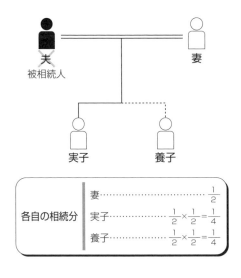

養子は実子と同様に第1順位の相続人となり、相続分も同じです。本ケースでは妻の相続分が2分の1で、実子と養子の相続分はそれぞれ4分の1ずつとなります。なお、普通養子縁組の場合、養子は養親と実親の両方の遺産について相続権があるため、二重の相続権をもっているといえます。特別養子縁組の場合は実親との親族関係が消滅しますので、実親の遺産は相続できません。

Case15 妻と子と相続放棄した子がいるケース

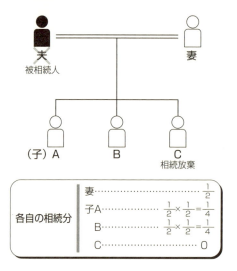

夫が死亡して、妻と子が相続人となり、3人の子のうちC1人が相続を放棄したというケースです。子が3人いれば、本来それぞれの相続分は6分の1ずつとなるはずです。ところが、相続を放棄した人は最初から相続人ではなかったことになりますので、妻の相続分は2分の1、AとBの相続分はそれぞれ、4分の1ずつとなります。もちろん、相続を放棄したCに相続分はありません。

Case16 内縁の妻と認知された子がいるケース

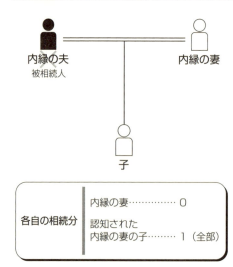

内縁とは、夫婦同様の生活をしているのに婚姻届が出されていない場合です。内縁の妻は法律上の配偶者とはいえませんから、相続権がありません。

ただ、内縁関係の夫婦から生まれた子であっても、夫から認知されれば、法律上の子として扱われます。夫が死亡すれば、認知された子が遺産全部を相続することになります。夫の親などの直系尊属には相続権がありません。

Case17 妻と子と養子に出した子がいるケース

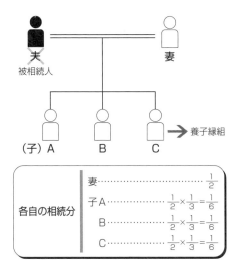

普通養子縁組として自分の子を他人の養子に出した場合でも、実の親子関係が消滅することはありません。血のつながりがある以上、親子関係がなくなることはないのです。他人の養子になったCも、AやBと同様に、実親を相続することができます。妻の相続分が2分の1ですから、残りの2分の1をABCの3人で均等に割ります。子の相続分はそれぞれ6分の1ずつとなります。

Case18 妻と子と嫁に出した娘がいるケース

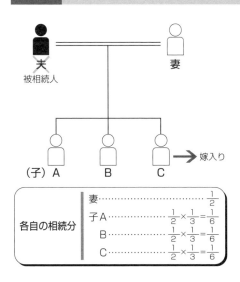

「嫁に行く」というと実の親子関係を断って夫の家に入るというイメージでとらえがちです。ましてや結婚後に嫁ぎ先の姓を名乗ることになると、実の親子関係がなくなってしまうような気がします。しかし、娘が結婚したからといって、子であることにまったく変わりはありません。CはA、Bと同じように6分の1の相続分をもっていることになります。妻の相続分は2分の1です。

第2章 ◆ 相続分のルールとケース別早わかり　95

Case19 妻と娘と養子である娘むこがいるケース

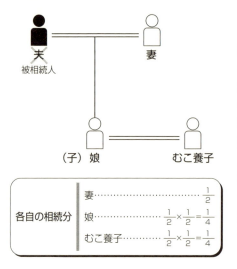

一人娘がむこ養子をとっていたというケースです。むこ養子とは、単に娘と結婚しただけでなく、娘の親とも養子縁組をした夫のことです。養子になると実子と同じように相続権が認められます。夫が死亡した場合、妻の相続分は2分の1で、娘とむこ養子の相続分はそれぞれ4分の1ずつとなります。なお、たとえ娘の姓を名乗っていても、養子縁組をしていなければ、むこに相続権はありません。

Case20 孫だけが相続するケース

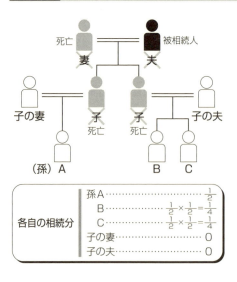

夫が死亡したが、それより前に妻と子の全員が死亡しており、残っているのは孫だけであるというケースです。この場合、孫は自分の親つまり被相続人の子に代わって相続（代襲相続）することになります。そうすると、Aの相続分は2分の1、BとCの相続分はそれぞれ4分の1ということになります。子の配偶者は被相続人と法律上の親子関係にあるわけではありませんから相続権はありません。

Case21 子と妻の連れ子がいるケース

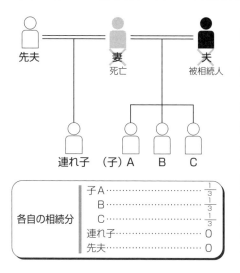

夫が死亡したが、それより前に死亡した妻との間にABCという3人の子がいる他、妻の連れ子もいるというケースです。この場合、妻の先夫に相続権がないのは当然ですが、連れ子にも相続権はありません。妻の子ではあっても、死亡した夫から見れば実子でも養子でもないからです。ABCが3分の1ずつ相続します。連れ子にも相続させたい場合には、生前に養子縁組を結んでおくことが必要です。

Case22 養親と実親がともに相続するケース

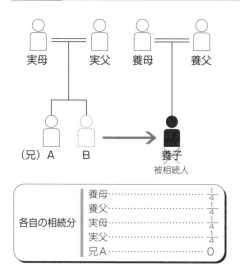

養子に出された子Bが死亡したが、配偶者も子もおらず、養父母と実父母、そして兄弟のAが残されたというケースです。養子と養父母は実の親子に準じた関係になります。また、養子に出したからといって実の親子関係が消滅するわけではありません。つまり、養父母も実父母も等しくBの相続人になるということです。相続人として親がいる場合には、兄弟姉妹は相続人になれません。

Case23 兄弟姉妹とおい・めいが相続するケース

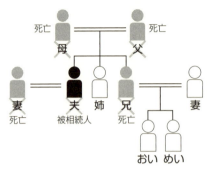

夫が死亡して、その姉と、すでに死亡した兄の妻子がいるケースです。被相続人に子も親もいなければ兄弟姉妹が相続人となります。兄弟姉妹がすでに死亡している場合には、その子（おい・めい）が代襲相続します。

本ケースの相続人は姉に加えて兄を代襲相続するおい・めいとなります。兄の妻（義理の姉）は法律上の兄弟姉妹ではありませんから、相続権はありません。

各自の相続分
- おい……$\frac{1}{4}$
- めい……$\frac{1}{4}$
- 姉………$\frac{1}{2}$
- 兄の妻…0

Case24 胎児が代襲相続するケース

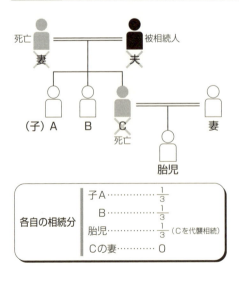

被相続人の妻と子Cはすでに死亡しているが、Cの妻が懐胎していたというケースです。胎児も相続に関してはすでに生まれたものとして扱われますので、すでに死亡しているCを代襲相続することができます。ただ、胎児の相続権は生きて産まれた場合に限られますから、死産であった場合にはAとBが2分の1ずつの割合で相続することになります。Cの妻（義理の姉妹）に相続権はありません。

各自の相続分
- 子A………$\frac{1}{3}$
- B…………$\frac{1}{3}$
- 胎児………$\frac{1}{3}$（Cを代襲相続）
- Cの妻……0

Case25 親子が同時に死亡したケース

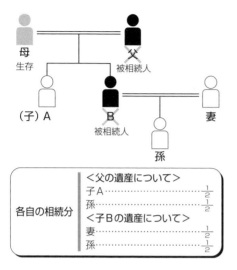

親子がまったく同時に死亡するというのは稀ですが、交通事故などで死亡の先後が不明の場合などは同時に死亡したものと推定されます。この場合、父の遺産とBの遺産それぞれについて別個に相続が生じます。父の遺産については母とAが2分の1ずつ相続し、Bの遺産については妻が3分の2、母が3分の1ずつ相続します。父とBとの間では相続は生じませんので注意が必要です。

Case26 子の1人に相続分の指定があるケース

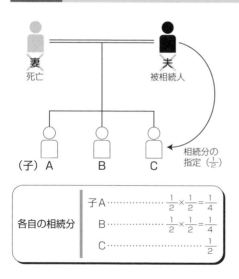

被相続人の妻はすでに死亡しており、遺族として子ABCの3人がいるというケースです。本来なら、ABCはそれぞれ3分の1ずつの法定相続分をもっているはずです。しかし、被相続人がCの相続分を2分の1とする遺言を残していた場合、被相続人の意思を尊重しなければなりません。つまり、Cの相続分は2分の1となり、AとBの相続分は残りの2分の1を等分して4分の1ずつとなるのです。

Case27　遺留分を侵害する相続分の指定があるケース

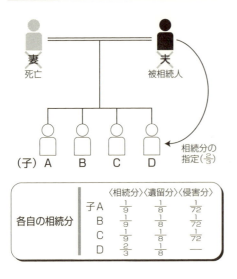

被相続人の妻はすでに死亡しており、4人の子のうちDに対してだけ相続分を3分の2とする遺言を残していますので、ABCの相続分は9分の1ずつとなります。

ただ、ABCの最低限の取り分である遺留分（法定相続分×2分の1）を侵害しているので、ABCにはDに対してその侵害分（72分の1ずつ）の金額を支払うように請求する権利（遺留分侵害額請求権）があります。

Case28　遺留分を侵害する遺贈があるケース

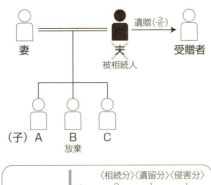

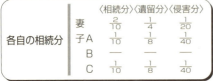

本ケースでは、被相続人が遺言で遺産の5分の3を第三者（受贈者）に贈与しています。また、子Bは相続を放棄しているので、相続人ではなかったことになります。よって、相続人は妻と子ACであり、遺産から遺贈分を除いた残り5分の2を法定相続分に従って相続します。

ただ、妻と子A・Cの遺留分を侵害するので、侵害分について受贈者に対して遺留分侵害額請求権を行使できます。

Case29 相続人が1人もいないまま死亡したケース

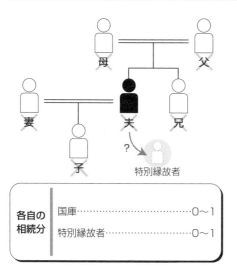

各自の相続分
国庫………………………………0〜1
特別縁故者………………………0〜1

通常は死亡者がいると、その者の相続人が相続財産を管理します。しかし、相続人の有無が不明の場合は、相続財産を1つの法人（相続財産法人）として、家庭裁判所が管財人を選任して管理します。そして、相続人が1人もいないことがわかれば、相続財産は国庫に帰属します。ただ、被相続人に内縁の妻や療養看護に努めた者など（特別縁故者）がいる場合、その人に遺産の全部または一部が与えられます。

Case30 子どもがいるができるだけ多く妻に相続させたいケース

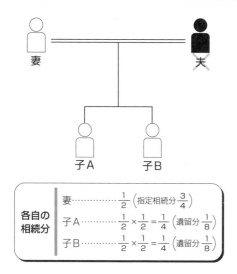

各自の相続分
妻…………… $\frac{1}{2}$（指定相続分 $\frac{3}{4}$）
子A ………… $\frac{1}{2} \times \frac{1}{2} = \frac{1}{4}$（遺留分 $\frac{1}{8}$）
子B ………… $\frac{1}{2} \times \frac{1}{2} = \frac{1}{4}$（遺留分 $\frac{1}{8}$）

被相続人である夫が生前から、何らかの理由によって、自分の財産をできるだけ多く妻に相続させたいと望むこともあります。子の承諾が得られない場合は、子の遺留分を侵害しない範囲で、妻への相続分を指定する遺言を残します。

本ケースでは、子の法定相続分は2分の1、総体的遺留分も2分の1なので、子1人につき8分の1は残します。妻には4分の3を相続できるよう遺言を残します。

第2章 ◆ 相続分のルールとケース別早わかり

Case31　養子がいても実子だけに全財産を相続させたいケース

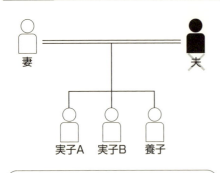

被相続人に、妻に加えて実子と養子がいるが、養子には遺産を相続させたくないケースです。生前に養子と離縁していれば、養子に相続権はありませんが、そうでなければ遺言で相続分を指定します。

本ケースは実子が2人なので、1/2×1/2×1/3＝1/12が養子の遺留分です。実子に各1/2を指定して相続させても、養子から1/12につき遺留分侵害額請求を受ける可能性はあります。

Case32　家族経営の製造会社を後継者に譲るケース

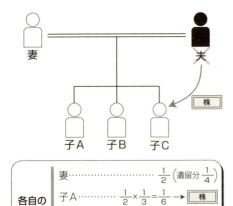

家族経営の会社においては、その株式の多くを社長が保有していることがよくあります。夫が社長である場合に、子の中で特定の者が後継者となるときは、会社の株式を後継者に相続させます。その際、他の相続人の遺留分を侵害しないように配慮する必要があります。妻と子3人のケースでは、株式の資産価値が夫の全財産の12分の7以下であれば、他の相続人の遺留分を侵害せずに、夫の株式全部を後継者に相続させることができます。

第3章

トラブルを解決する遺言記載例

記載例1　配偶者に自宅以外の財産を多く遺したい場合の遺言書

遺言書

　遺言者○○○○は、本遺言書により次のとおり遺言する。
1　遺言者は、長男○○、長女○○に対し、下記不動産をそれぞれ2分の1の割合で相続させる。
　(1)　土地
　　（表示略）
　(2)　建物
　　（表示略）
2　遺言者は、妻○○に対し、次の財産を相続させる。
　(1)　上記建物に対する配偶者居住権
　(2)　○○銀行○○支店遺言者名義の普通預金（口座番号×××
　　×）
3　長男○○、長女○○はともに協力して、障害者である妻○○の療養看護を行うことを強く希望する。
4　遺言者が他界した後、長男○○は直ちに妻○○に係る成年後見人の選任手続きを行うこと。

平成○○年○月○日

　　　　　　　　　　　　　　東京都○○区○○町○丁目○番○号
　　　　　　　　　　　　　　遺言者　　○○○○　㊞

　遺産の大半が自宅とその敷地（土地）という不動産である場合、不動産を妻に相続させると、他の相続人の遺留分を侵害するので、遺留分侵害額請求を受けると、その支払いのために妻は自宅を売却せざるを得なくなります。一方、遺留分侵害額請求を受けないとしても、妻は不動産以外の財産を相続できなくなり、生活が困窮する危険があります。そこで、2018年の相続法改正では配偶者居住権が新設され、遺言などで設定すれば、妻（生存配偶者）は終身、自宅に居住し続けることが可能になります。配偶者居住権は自宅の所有権と居住権を分けて考えるので、妻に居住権を、他の相続人に所有権を与えれば、他の相続人の遺留分を侵害することなく、妻は他の財産（預貯金など）の相続も可能になります。自宅以外に目立った財産がない場合などは、本記載例のように配偶者居住権を設定するとよいでしょう。

記載例2　夫婦2人暮しで子がいない場合の遺言書

遺言書

　遺言者○○○○は、本遺言書により次のとおり遺言する。

1　遺言者は、以下の財産を妻○○○○（昭和○○年○○月○日生）に相続させる。

　(1)　遺言者名義の下記の土地
　　　　所在　東京都○○区○○○丁目
　　　　地番　○番
　　　　地目　宅地
　　　　地積　85.48平方メートル

　(2)　遺言者名義の下記の建物
　　　　所在　東京都○○区○○○二丁目○番地
　　　　家屋番号　○番地
　　　　種類　居地
　　　　構造　木造かわらぶき1階建
　　　　地積　66.58平方メートル

　(3)　遺言者名義の下記の預金すべて
　　　　○○銀行　○○支店　普通預金　口座番号1231234

2　その他、遺言者に属する一切の財産を妻○○○○に相続させる。

平成○○年○月○日

　　　　　　　　　東京都○○区○○町○丁目○番○号
　　　　　　　　　遺言者　　○○○○　㊞

　夫婦に子がいない場合は、その父母が相続人となりますが、父母もいない場合は、兄弟姉妹（代襲相続人となる兄弟姉妹の子を含む）が相続人になります。いずれの場合も配偶者は相続人となります。全財産を配偶者に相続させたい場合は、できるだけ対象財産を特定し、遺言書を遺します。なお、2018年の相続法改正で新設された配偶者居住権を配偶者に対し遺言で与えることも可能です。

記載例3　居住マンションしかめぼしい財産がない場合の遺言書

遺言書

　遺言者〇〇〇〇は、本遺言書により次のとおり遺言する。
1　遺言者は、以下の遺言者名義のマンションの一室を妻〇〇〇〇（昭和〇〇年〇月〇〇日生）に相続させる。
　　　名称　〇〇〇〇マンション
　　　所在　東京都〇〇区〇〇〇丁目〇番地〇号
　　　建物番号（専有部分）　〇〇〇号室
2　その他、遺言者に属する一切の財産を妻〇〇〇〇に相続させる。
3　遺言者の長男〇〇〇〇（昭和〇〇年〇月〇〇日生）、長女〇〇〇〇（昭和〇〇年〇月〇〇日生）においては、妻〇〇の老後の生活に対する遺言者の配慮を充分に理解してほしい。長男〇〇、長女〇〇に対しては、遺留分侵害額請求を行わないことを切に希望する。

平成〇〇年〇月〇日
　　　　　　　　　　　　　東京都〇〇区〇〇〇丁目〇番地〇号
　　　　　　　　　　　　　〇〇〇〇マンション〇〇〇号室
　　　　　　　　　　　　　遺言者　〇〇〇〇　㊞

　被相続人が住居などの不動産を所有しているのに対し、預貯金などの金融資産を保有していない場合は、相続についてトラブルになりかねません。本記載例のように相続人が複数の場合で、不動産しかめぼしい遺産がなく、遺言もないときは、法律に従って遺産分割をします。
　2018年の相続法改正により、生存配偶者は、遺産分割や遺言などに基づき、配偶者居住権を主張できるようになりました。しかし、本記載例の場合は、妻にマンション（不動産）の配偶者居住権ではなく、所有権を相続させているので、長男・長女の遺留分への配慮が必要です。遺留分に配慮する場合は、妻に不動産の配偶者居住権を相続させ、長男・長女に不動産の所有権を相続させる方法がよいでしょう。

記載例4　認知症の妻に土地と家を遺したい場合の遺言書

遺言書

遺言者○○○○は本遺言書により次のとおり遺言する。
1　遺言者は、妻の○○に次の物件を相続させる。
　(1)　土地
　　　　所在　　東京都○○区○○町○丁目
　　　　地番　　○番○
　　　　地目　　宅地
　　　　地積　　100.00㎡
　(2)　建物
　　　　所在　　東京都○○区○○町○丁目○番地○
　　　　家屋番号　○番○
　　　　種類　　居宅
　　　　構造　　木造瓦葺2階建
　　　　床面積　1階　50.00㎡
　　　　　　　　2階　30.00㎡
2　遺言者の死後、弟○○○○は直ちに妻○○にかかる成年後見人を選任する手続きを行うこと。

平成○○年○月○日

　　　　　　　　　　　　東京都○○区○○町○番○号
　　　　　　　　　　　　遺言者　○○○○　㊞

Advice　本記載例は、夫婦に子がなく、相続人が弟だけの場合を想定しています。弟には遺留分がないので、配偶者に不動産をすべて相続させても、配偶者が弟から遺留分侵害額請求権を受ける心配はありません。なお、配偶者が認知症の場合、強制力はありませんが、遺言者本人の強い希望として、成年後見人選任手続の指示などを記載するとよいでしょう。

記載例5　遺留分を侵害する場合の遺言書

遺言書

　遺言者〇〇〇〇は本遺言書により次のとおり遺言する。
1　遺言者は、遺言者の妻〇〇〇〇に全財産を相続させる。
2　他の相続人には相続分がないが、承知のように妻〇〇は老人性認知症が進行しており、遺言者亡き後は特別養護老人ホームに入所せざるを得ない。また、そうすることが他の相続人に過重な負担を強いることがない唯一の方法だと考える。については妻〇〇の老後生活に必要な費用を確保するため上記1のとおり遺言するので、遺言者の配慮を十分汲み取って、他の相続人は遺留分侵害額請求を行わないよう切に希望するものである。
3　本遺言の遺言執行者として次の者を指定する。
　　　住所　東京都〇〇区〇〇町〇丁目〇番〇号
　　　弁護士　〇〇〇〇

平成〇〇年〇月〇日
　　　　　　　　東京都〇〇区〇〇町〇丁目〇番〇号
　　　　　　　　　遺言者　〇〇〇〇　㊞

　遺言によって自分の財産をどう処分するかは、遺言者（被相続人）の自由ですが、遺族の生活も保障も重要です。そこで、兄弟姉妹以外の相続人には、最低限の取り分として遺留分が認められています。もっとも、遺留分を侵害する遺言自体は有効です。遺留分を侵害された相続人は、遺贈や贈与を受けた相手方に対し、遺留分侵害額請求権（相続法改正前の遺留分減殺請求権に相当）を行使して、侵害された遺留分相当の金銭の支払いを請求できます。しかし、これを請求するか否かは遺留分を有する相続人の自由なので、本記載例のように、遺言した通りの相続を実現するため、遺留分侵害額請求権を行使しないように希望を述べておくとよいでしょう。

記載例6　相続財産の中に寄与分がある場合の遺言書

遺言書

遺言者○○○○は本遺言書により次のとおり遺言する。
1　遺言者の妻○○○○には、寄与分の1000万円に加え、当該寄与分を控除した残りの財産の2分の1を相続させる。妻○○は、遺言者が会社員を辞めて事業を始めた際に、その開業資金の一部として1000万円を支弁してくれたものである。この協力がなければ遺言者の現在の財産の形成はなかったといっても過言ではない。
2　長男○○○○及び二男○○○○には、上記1の妻○○に対する寄与分1000万円を控除した残りの財産の4分の1をそれぞれ相続させる。妻○○への寄与分を控除しないで息子たちの法定相続分相当額を計算すると、本遺言による額をもちろん上回るが、他方で右額は遺留分を下回るわけではない。息子たちは、上記のとおり母の協力があって今日があることを忘れないとともに、母の過去の協力と老後の生活に対する父の配慮をよくよく理解してほしい。

平成○○年○月○日

　　　　　　　　　　　東京都○○区○○町○丁目○番○号
　　　　　　　　　　　　遺言者　　○○○○　㊞

被相続人の財産の維持または増加に特別の寄与（貢献）をした相続人（寄与者）は、本来の相続分とは別に、その寄与分を相続財産の中から取得できます。寄与分を反映させる場合は、遺産の総額から寄与分を差し引いた額をみなし相続財産として確定し、そのみなし相続財産を相続分に応じて分け合います。そして、寄与者は、自らの相続分に寄与分を加えた額を受け取ることができます。寄与分は相続人間の協議（協議が調わない場合は家庭裁判所の審判）で決めるため、遺言による寄与分の指定は強制力を持ちませんが、本記載例のように、相続人の具体的な貢献について、遺言書に記載しておくことには一定の意義があります。

記載例7 妻に不動産、子に金銭を相続させたい場合の遺言書

遺言書

遺言者○○○○は、本遺言書により次のとおり遺言する。

1　遺言者は、以下の遺言者名義のマンションの一室を、遺言者の妻○○○○（昭和○○年○月○○日生）に相続させる。
　　　名称　○○マンション
　　　所在　東京都○○区○○町○丁目○番地○号
　　　建物番号（専有部分）　○○○号室
2　遺言者は、以下の遺言者名義の普通預金のすべてを、遺言者の長男○○○○（昭和○○年○月○○日生）に相続させる。
　(1)　○○銀行　○○支店　普通預金　口座番号1234567
　(2)　○○銀行　○○支店　普通預金　口座番号7654321

平成○○年○月○日

　　　　　　　　　　　東京都○○区○○町○丁目○番地○号
　　　　　　　　　　　　○○マンション○○○号室
　　　　　　　　　　　遺言者　　○○○○　㊞

　本記載例のように、自分の死後も妻が居住マンションに住み続けることができるように、妻に不動産を相続させ、子に金銭を相続させることがあります。遺言で不動産を相続させる場合は、遺言書にその不動産を明確に記載する必要があります。
　また、遺言で金銭を相続させる場合は、現金なのか預貯金なのかを明確にします。さらに、預貯金である場合は、どの銀行のどの口座の預貯金であるのかも明確にします。1つの銀行では原則として1人1口座しか作成できませんが、現実に複数の口座を持っている場合もありますので、口座番号も正確に記載します。なお、2018年の相続法改正により、自筆証書遺言に添付する財産目録は、署名押印を条件として自書を要しないことになったので、署名押印した通帳のコピーなどを添付しておくとよいでしょう。

記載例8　損害賠償債権を相続させたい場合の遺言書

遺言書

遺言者○○○○は本遺言書により次のとおり遺言する。
1　妻○○○○に下記の損害賠償債権を相続させる。なお、詳細については、別添の書類を参照すること。

記

(1)　被告　東京都○○区○○町○丁目
　　　○○○○
(2)　損害の発生日・発生場所
　　平成○○年○月○日○○町○丁目交差点にて、遺言者は被告○○○○の運転する乗用車と接触し、肋骨骨折、全身打撲などの傷害を受け、治療費その他の損害を被った。
(3)　請求金額 50万円
(4)　原告側代理人
　　　東京都○○区○○町○丁目
　　　弁護士　　○○○○
2　（以下省略）

平成○○年○月○日

　　　　　　　　　東京都○○区○○町○丁目○番○号
　　　　　　　　　　　遺言者　　○○○○　　㊞

交通事故などの不法行為や売買契約に基づく債務の不履行があった場合、被害者（債権者）は相手方（加害者・債務者）に対して損害賠償を請求することができます。被相続人が誰かに対して損害賠償請求権（損害賠償債権）をもっている場合、相続人はその請求権を相続します。相続人が複数いる場合は、それぞれの相続分に従って分割相続しますが、本記載例のように、遺言で特定の相続人に全部を相続させることもできます。特定の相続人に損害賠償請求権を相続させる場合には、遺言書に、加害者（債務者）の住所・氏名、損害の発生日・発生場所、請求金額などを明確に書いておく必要があります。

記載例9　遺産分割の際のトラブルが予想される場合の遺言書

遺言書

　遺言者○○○○は本遺言書により次のとおり遺産分割の方法を指定する。
1　妻○○○○には下記の財産を相続させる。
　(1)　土地
　　　（表示略）
　(2)　建物
　　　（表示略）
2　長男○○○○には遺言者が所有する○○株式会社の株式壱万株すべてを相続させる。
3　長女○○○○には○○銀行○○支店遺言者名義の定期預金（口座番号×××××）すべてを相続させる。
4　二男○○○○には上記1から3までに記載した以外の財産を相続させる。
5　本遺言の遺言執行者として次の者を指定する。
　　　住所　東京都○○区○○町○丁目○番○号
　　　氏名　○○○○

平成○○年○月○日
　　　　　　　　　　　　　　東京都○○区○○町○丁目○番○号
　　　　　　　　　　　　　　　　遺言者　　○○○○　㊞

　被相続人は、遺産分割の方法を指定できます。相続開始から5年を超えない期間内の遺産分割を禁じることも可能です。遺産分割方法の指定は、遺留分には配慮する必要がありますが、法定相続分に準じなくてもかまいません。遺言書には、誰に何を相続させるのかを具体的に書く必要があります。不動産は所在・地番・家屋番号などを記載し、預貯金は銀行名・支店名・口座番号などを記載すべきです。株式についても、どの会社の株式かが特定できるようにします。

記載例10　内縁の妻がいる場合の遺言書

遺言書

遺言者〇〇〇〇は本遺言書により次のとおり遺言する。
1　遺言者の妻〇〇〇〇（別居中）に〇〇銀行〇〇支店遺言者名義の定期預金（口座番号××××）すべてを相続させる。
2　内縁の妻〇〇〇〇（東京都〇〇区〇〇町〇丁目〇番地居住、昭和〇年〇月〇日生）に次の財産を遺贈する。
　(1)　土地
　　　（表示略）
　(2)　建物
　　　（表示略）
3　本遺言の遺言執行者として次の者を指定する。
　　　住所　東京都〇〇区〇〇町〇丁目〇番〇号
　　　弁護士　〇〇〇〇

平成〇〇年〇月〇日

　　　　　　　　　東京都〇〇区〇〇町〇丁目〇番〇号
　　　　　　　　　遺言者　〇〇〇〇　㊞

妻（本妻）は法律上の配偶者として常に相続人となりますが、内縁の妻は法律上の配偶者ではないため、相続権がありません。しかし、同居しているなど、本妻以上に近しい関係にある内縁の妻に、居住している土地・建物を譲りたいという場合もあります。
　そのような場合は、本記載例のように、遺言で土地・建物を遺贈するとよいでしょう。ただし、本妻の最低限の取り分として遺留分に注意しなければなりません。

記載例11 離婚調停中の配偶者に相続させたくない場合の遺言書

遺言書

遺言者○○○○は本遺言書により次のとおり遺言する。

1　遺言者の長男○○○○、長女○○○○に全財産の2分の1ずつを相続させる。

2　現在離婚調停中の遺言者の妻○○○○には、調停成立前であるとしても、一切の財産を相続させない。

3　本遺言の遺言執行者として次の者を指定する。

　　　住所　東京都○○区○○町○丁目○番○号

　　　氏名　○○○○

平成○○年○月○日

　　　　　　　　　　東京都○○区○○町○丁目○番○号

　　　　　　　　　　遺言者　○○○○　㊞

相続の時点における配偶者（法律上の配偶者）は、常に相続人になります。それは離婚調停中であっても同じです。ただ、配偶者に遺産を一切与えたくない場合は、全遺産を遺言によって、他の相続人に相続させるか、第三者に遺贈することができます。遺言書に「配偶者には一切の財産を相続させない」と書いても、その遺言自体が無効になるわけではありません。しかし、配偶者については遺留分への配慮が必要です。本記載例の場合、妻が長男・長女に対して遺留分侵害額請求権（相続法改正前の遺留分減殺請求権に相当）を行使すると、長男・長女はそれに応じる義務が発生します。

記載例12　全財産を長男に相続させたい場合の遺言書

遺言書

　遺言者○○○○は本遺言書により次のとおり遺言する。

　遺言者は、江戸時代より代々続いてきた由緒ある○○家を自分亡き後も無事に存続させていくため、後記の土地及び屋敷を含む全財産を、遺言者の長男○○○○に単独相続させる。ついては、過去においてその保持に努めてきた先祖及び遺言者の意思を継いで、各相続人は、遺産分割協議を行って本遺言と異なる遺産の分割をすることのないよう、また、長男○○は単独相続した趣旨を没却して次の世代へ受け継がせることができなくなることのないよう、切に希望する。

（土地及び屋敷の表示略）

平成○○年○月○日

　　　　　　　　　　　　東京都○○区○○町○丁目○番○号
　　　　　　　　　　　　遺言者　　○○○○　㊞

　相続において、子の間に序列はなく、相続分は長男も二男も同じです。結婚して家を出た娘に相続権はないなどということもありません。ただ、それは法律上の制度の話です。被相続人が長男中心の家系を維持するために、本記載例のように長男に単独相続させたい場合には、その意思を尊重せざるを得ないこともあるでしょう。もっとも、他の相続人（兄弟姉妹を除く）には、最低限の取り分として遺留分（本記載例の場合、妻4分の1、次男8分の1が遺留分です）が認められているので、遺言内容に不服がある場合は、遺留分侵害額請求権（相続法改正前の遺留分減殺請求権に相当）が行使される危険性があります。

記載例13　特定の者に遺留分を放棄してもらいたい場合の遺言書

遺言書

　遺言者〇〇〇〇は本遺言書により次のとおり遺言する。

1　遺言者は、株式会社〇〇〇〇に関する、すべての財産およびその所有権と経営権を長男〇〇に相続させる。

2　妻〇〇及び次男〇〇には、事業を円滑に継続させるために、その遺留分を放棄することを希望する。

平成〇〇年〇月〇日

　　　　　　　　　　　　　　　　　　東京都〇〇区〇〇町〇番〇号
　　　　　　　　　　　　　　　　　　遺言者　　〇〇〇〇　㊞

本記載例のように、遺言に「遺留分を放棄してほしい」旨を明記したとしても、相続人に強制することはできませんが、遺言者の意思を伝えることは可能です。この場合、相続人が納得できる理由も書いておきましょう。遺留分に配慮した相続をさせるのであれば、①他の財産を相続させる（本記載例の場合は、会社事業と関係のない財産を相続させる）、②実際に相続した者から遺留分を放棄した者に金銭の支払いをすることで調整するなどの方法が考えられます。なお、相続開始後における遺留分の放棄は、単に他の相続人が自己の遺留分を侵害した相続をすることを認める（遺留分放棄の意思表示をする）だけで実現します。

記載例14 未成年者の子どもに財産を遺したい場合の遺言書

遺言書

　遺言者○○○は、本遺言書により次のとおり遺言する。
1　遺言者は、以下のマンションの一室を妻○○○○（昭和○○年○月○○日生）に相続させる。
　　　名称　○○マンション
　　　所在　東京都○○区○○町○丁目○番地○号
　　　建物番号（専有部分）　○○○号室
2　遺言者は、遺言者名義の以下の預金のすべてを長男○○○○（平成○○年○月○○日生）に相続させる
　　　○○銀行　○○支店　普通預金　口座番号7654321
3　その他、遺言者に属する一切の財産を妻○○○○に相続させる。
4　付言事項
　○○が私と○○の子として生まれてきてくれて、本当にうれしく思っています。○○には○○家の長男として、将来を期待しています。お父さんがいなくても自分の信じる道を進んでください。それからお母さんのことを助けてあげてください。

平成○○年○月○日

　　　　　　　　　　東京都○○区○○町○丁目○番○号
　　　　　　　　　　遺言者　　○○○○　㊞

　相続人となる子が未成年で遺言書がない場合は、妻と子との間で被相続人の遺産を分割する手続きを行います。このとき、妻に多くの遺産を分割すれば子の遺産が減るという関係が生じますので、妻と子の利害関係が衝突しています（利益相反行為）。そのため、妻と未成年の子との間で遺産分割をする際は、子のために特別代理人を選任しなければなりません（民法826条1項）。しかし、本記載例のように、遺言書に遺産分割の方法を遺しておけば、その記載どおりに遺産を分割する限り、妻と未成年の子との利害関係は衝突しないので、特別代理人の選任が不要となるという実益があります。

記載例15　成人した2人の子それぞれに財産を遺したい場合の遺言書

遺言書

　遺言者は、本遺言書により次のとおり遺言する。

1　遺言者は、以下の財産を長男○○○○（昭和○○年○月○○日生）に相続させる。
　(1)　遺言者名義の下記のマンションの一室
　　　　名称　　○○○○マンション
　　　　所在　　東京都○○区○○町○丁目○番地○号
　　　　建物番号（専有部分）　○○○号室
　(2)　遺言者名義の下記の預金すべて
　　　　○○銀行　○○支店　普通預金　口座番号1111111
2　遺言者は、以下の財産を長女○○○○（昭和○○年○月○○日生）に相続させる。
　(1)　遺言者名義の下記の土地
　　　（不動産の表示略）
　(2)　遺言者名義の下記の預金すべて
　　　　○○銀行　○○支店　普通預金　口座番号2222222

平成○○年○月○日

　　　　　　　　　　　　東京都○○区○○町○丁目○番○号
　　　　　　　　　　　　　　遺言者　　○○○○　㊞

　相続人である子が成人の場合、未成者とは違い、特別代理人を選任することなく、子が自ら遺産分割協議に参加できます。もっとも、どの財産を誰が取得するのかについて、被相続人が亡くなった後に紛争とならないためにも、配偶者や子に相続させる財産を明確にしておくことが必要になります。遺言書に相続の対象となる財産を記入する際には、その財産が明確に特定できるようにします。また、被相続人の子には遺留分があります。本記載例では相続人が2人の子（長男・長女）だけですから、遺留分は各4分の1です。相続人間の紛争を防止するためには、少なくとも遺留分を上回る財産を分け与えるようにします。

記載例16　胎児に財産を遺したい場合の遺言書

遺言書

　遺言者〇〇〇〇は本遺言書により次のとおり遺言する。
（1、2〈他の相続人の相続分に関する記述〉略）
3　次記の者が懐胎している胎児は遺言者との間の子であることを認知する。
　　　本籍　東京都〇〇市〇丁目〇番地
　　　住所　東京都〇〇区〇〇町〇丁目〇番〇号
　　　氏名　〇〇〇〇（昭和〇〇年〇月〇日生）
4　遺言者が認知した〇〇〇〇が懐胎している胎児に、〇〇銀行〇〇支店遺言者名義の定期預金すべてを相続させる。
5　本遺言の遺言執行者として次の者を指定する。
　　　住所　東京都〇〇区〇〇町〇丁目〇番〇号
　　　弁護士　〇〇〇〇

平成〇〇年〇月〇日
　　　　　　　　　　東京都〇〇区〇〇町〇丁目〇番〇号
　　　　　　　　　　遺言者　　〇〇〇〇　㊞

　本記載例は、胎児を認知して、その胎児に財産を遺す場合に用います。非嫡出子（婚外子）は、認知されれば父親を相続することができます。そして、胎児は相続についてはすでに生まれたものとして扱うので、認知された胎児は父親を相続する権利が発生します。遺言書では胎児の母親がどこの誰であるのかを明確に記載します。また、認知の届出は遺言執行者が行うので（戸籍法64条）、遺言執行者の選任も必要です。なお、胎児の認知は母親の承諾が必要であるため、届出書には親の承諾書（署名押印があるもの）を添付します。また、胎児の相続権は生きて産まれた場合に効力を生じますから、死産の場合は相続権が効力を失います。

記載例17　特別養子に財産を遺したい場合の遺言書

遺言書

　遺言者○○○○は本遺言書により次のとおり遺言する。
1　遺言者の妻○○○○に次の土地と建物を相続させる。
（土地、建物の表示略）
2　遺言者の長男○○○○には、○○銀行○○支店遺言者名義の定期預金のすべてを相続させる。
3　遺言者の長女○○○○には、○○銀行○○支店遺言者名義の定期預金のすべてを相続させる。
4　特別養子に出した二男○○○○には、次の土地と建物を相続させる。
（土地、建物の表示略）
5　本遺言の遺言執行者として次の者を指定する。
　　住所　東京都○○区○○町○丁目○番○号
　　弁護士　○○○○

平成○○年○月○日
　　　　　　　　　　　東京都○○区○○町○丁目○番○号
　　　　　　　　　　　　　遺言者　○○○○　㊞

　子を養子に出した場合、養子には実父母と養父母の2組の父母がいることになります。養子には、実父母との法的な親子関係を維持する普通養子と、実父母との法的な親子関係を切断する特別養子の2種類があります。普通養子の場合、遺言に記載しなくても実父母の財産を養子に相続させることができるのですが、特別養子の場合、実親との間の親族関係が切断されているため、遺言に記載する方式によらなければ、養子にだした子に財産を遺すことができないので注意しましょう。本記載例は、特別養子に出した次男に対して、土地と建物を相続させる場合に、用いられる書式です。

記載例18　特別受益がある場合の遺言書

遺言書

　遺言者○○○○は本遺言書により次のとおり遺言する。
1　妻、長男、長女の相続分は法定相続分のとおりとする。
2　遺言者の長男○○○○には会社を辞めて事業を始める際に1000万円、長女○○○○には婚姻の際500万円をそれぞれ贈与しているが、これらは双方とも相続分から控除しないものとする。
3　その他相続人に対しこれまでにした贈与は、すべて相続分から控除しないものとする。

平成○○年○月○日

　　　　　　　　　　　　　　東京都○○区○○町○丁目○番○号
　　　　　　　　　　　　　　遺言者　　○○○○　㊞

　相続人が被相続人から婚姻や生計の資本として財産の贈与を受けていた場合には、その分を考慮して相続分を算定します。これを特別受益の制度といいます。特別受益を受けた相続人は、その分を本来の相続分から差し引かれます。相続時に遺言で与えられる遺贈も特別受益となります。ただ、本記載例のように、被相続人が遺言などで、特別受益として差し引かないとしていた場合は、遺留分の規定に反しない限り、被相続人の意思を尊重しなければなりません（持戻し免除の意思表示）。また、2018年の相続法改正では、婚姻期間20年以上の夫婦間で、居住用不動産を生前贈与した場合は、持戻し免除の意思表示が推定されるとしました。なお、特別受益分が遺留分を侵害した場合は、侵害された人は、特別受益者に対して遺留分侵害額請求（相続法改正前の遺留分減殺請求権に相当）が可能です。

記載例19　後妻の子に多くの財産を相続させる場合の遺言書

遺言書

　遺言者○○○○は本遺言書により次のとおり遺言する。
　遺言者○○○○は、先妻○○○○と離婚した後、長男○○○○を手元に引き取って養育してきたが、その後、縁あって新しい妻○○○○と結婚して二男○○○○を授かった。
　その妻○○も不幸にも先年他界したが、二男○○はまだ小学生の幼年であり、一方、長男○○はすでに立派な社会人として独立している。もちろん自分にとって２人とも大事な子どもであり、双方の幸せを祈っていることに一点の曇りもないが、如何せん二男○○が自立できるようになるまでにはまだまだ先が長い。
　については、二男○○が成人して生活が安定するまでの月日を考慮して、相続分を次のとおり指定する。長男○○はこの点十分理解してくれるとともに、父親代わりとして二男○○が成人するまでの面倒をみてくれるよう切に希望する。
　(1)　長男○○○○の相続分を３分の１とする
　(2)　二男○○○○の相続分を３分の２とする

平成○○年○月○日

　　　　　　　　　愛媛県○○郡○○町○丁目○番○号
　　　　　　　　　遺言者　　○○○○　㊞

　本記載例は、夫が死亡したが、それより前に後妻も死亡していて、先妻との間の子（長男）と後妻との間の子（二男）がいるという場合に用いられます。まず、原則として、先妻の子も後妻の子も、法定相続分は均等に２分の１ずつになります。ただ、長男はすでに社会人として独立し安定した生活を送っているが、二男は幼年で将来が不安であるというような場合もあるでしょう。そのようなときには、遺言で二男に多くの財産を遺すように法定相続分と異なる相続分を指定することができます。なお、先妻は相続の時点で被相続人の配偶者ではありませんから、原則として相続権はないことに注意が必要です。

記載例20　先妻の子と後妻との相続争いを避けたい場合の遺言書

遺言書

　遺言者○○○○は本遺言書により次のとおり遺言する。
1　妻○○○○に次の財産の持分の3分の2、妻○○との間の二男○○○○に同持分3分の1を相続させる。
　(1)　土地
　　　（表示略）
　(2)　建物
　　　（表示略）
2　先妻○○○○との間の長男○○○○に次の財産を相続させる。
　(1)　○○銀行○○支店遺言者名義の定期預金のすべて
　(2)　先妻○○が遺言者との結婚前から所有していた掛け軸1本
3　妻○○にその他遺言者に属する一切の財産を相続させる。
4　本遺言の遺言執行者として次の者を指定する。
　　　住所　東京都○○区○○町○丁目○番○号
　　　弁護士　○○○○

平成○○年○月○日

　　　　　　　　　東京都○○区○○町○丁目○番○号
　　　　　　　　　　遺言者　○○○○　㊞

　先妻は相続の時点では被相続人の配偶者ではないので、相続権は当然にありません。しかし、先妻の子も後妻の子も「嫡出子」であることに変わりはなく、相続人として、法定相続分は同じです。ただ、先妻の子どもと後妻との関係が悪化しているなどの理由で、被相続人の死後に相続争いになる可能性があるときは、本記載例のように遺言で遺産分割方法の指定をしておくとよいでしょう。

記載例21 妻の連れ子にも相続させたい場合の遺言書

遺言書

　遺言者○○○○は本遺言書により次のとおり遺言する。

1　遺言者の妻○○○○の子、○○○○は遺言者の実子でも養子でもないにもかかわらず、家庭生活や家業における遺言者に対する献身ぶりには目をみはるものがあり、感心すると同時に大変感謝している。

　ついては、遺言者○○○○は、その労苦に報いるため○○○○に○○銀行○○支店遺言者名義の定期預金（口座番号×××××）のすべてを遺贈する。

2　上記以外の財産については、妻○○と長男○○○○にそれぞれ法定相続分どおりの相続をさせる。

平成○○年○月○日

　　　　　　　　　　　東京都○○区○○町○丁目○番○号

　　　　　　　　　　　　　　　遺言者　　○○○○　㊞

　本記載例で取り上げているのは、夫が死亡して妻と長男が遺された他、妻の連れ子もいるというケースです。この場合、妻の先夫に相続権がないのは当然ですが、連れ子にも相続権はありません。妻の子ではあっても、死亡した夫から見れば実子でも養子でもないからです。本記載例の場合は、妻と長男が2分の1ずつ相続します。連れ子にも相続させたい場合には、生前に養子縁組を結んでおけば、実子と同じように相続分が認められます。また、養子縁組をしなくても、本記載例のように遺贈によって財産を譲ることが可能です。ただし、その場合は妻と長男の遺留分（各4分の1）を侵害しない範囲で行うなどの配慮が必要です。

記載例22　子に財産を遺したくない場合の遺言書

遺言書

　遺言者〇〇〇〇は本遺言書により次のとおり遺言する。
1　遺言者の長男〇〇〇〇、長女〇〇〇〇、次女〇〇〇〇は、遺言者が脳卒中を患い、その後の後遺症で、日常生活を一人では送れない状態にあるにもかかわらず、見舞いはおろか、一切の援助をすることなく今日にいたっている。
　そのため、遺言者は妻〇〇〇〇に財産のすべてを与え、長男〇〇、長女〇〇、次女〇〇には、一切の財産を残さないものとする。
2　本遺言の遺言執行者として次の者を指定する。
　　　住所　東京都〇〇区〇〇町〇丁目〇番〇号
　　　弁護士　　〇〇〇〇

平成〇〇年〇月〇日
　　　　　　　　　　東京都〇〇区〇〇町〇丁目〇番〇号
　　　　　　　　　　　遺言者　　〇〇〇〇　㊞

　子に財産を遺したくない場合、遺言書に子に財産を与えない旨を記載することができます。ただ、子には遺留分があるので、遺留分侵害額請求権（相続法改正前における遺留分減殺請求権に相当）を行使する可能性が考えられます。そこで、遺言で子に遺留分侵害額請求を行わないよう言い渡す記載が必要です。本記載例の場合は、子の親への対応が原因なので、命令口調で言い渡してもよいでしょう。また、子が親を虐待するなど、子（推定相続人）に著しい非行がある場合、遺言で子を相続人から廃除することも可能です。推定相続人から廃除する際は、遺言執行者の選任が必要です。

記載例23　実親に財産を遺したい場合の遺言書

遺言書

　遺言者○○○○は本遺言書により次のとおり遺言する。
1　遺言者の父○○は、遺言者の進学や起業にあたり、その身を削って貯めた金銭を援助してくれた。遺言者の今の地位があるのも、父○○の援助のおかげである。
　よって、遺言者は父○○○○に、以下の財産を相続させる。
（資産の内容の表示略）
2　遺言者の死後、妻○○○○は直ちに父○○にかかる成年後見人を選任する手続きを行うこと。
3　遺言者は、妻○○○○に次の財産を相続させる。妻○○に相続させる財産は、遺留分に満たないが、今後の生活を送るには十分な財産である。どうか遺留分侵害額請求をしないでほしい。
⑴　○○銀行○○支店遺言者名義の定期預金のすべて
⑵　○○銀行○○支店遺言者名義の定期預金のすべて
4　本遺言の遺言執行者として次の者を指定する。
　　　住所　東京都○○区○○町○丁目○番○号
　　　弁護士　　○○○○

平成○○年○月○日
　　　　　　　　　　東京都○○区○○町○丁目○番○号
　　　　　　　　　　　遺言者　　○○○○　㊞

　相続人が配偶者と親である場合、相続分を指定しないと法定相続分にしたがって配偶者に3分の2、親に3分の1という割合で遺産が振り分けられます。もし、親に法定相続分を超える財産を遺したい場合には、遺言で遺産分割方法の指定などをすることになります。ただし、配偶者の遺留分（本記載例の場合は3分の1）に配慮する必要があります。遺言者は、遺言書の中で親に財産を遺そうとした事情や感謝の気持ちなどをつづるとよいでしょう。

記載例24 兄弟姉妹に財産を遺したい場合の遺言書

遺言書

遺言者○○○○は本遺言書により次のとおり遺言する。
1　遺言者は、親から引き継いだ事業を、弟○○○○と協力して発展させてきた。弟○○の協力がなければ、事業が成功することもなかったであろう。よって、その貢献に報いるためにも、弟○○には、次の財産を相続させる。
　(1)　土地
　　　（表示略）
　(2)　建物
　　　（表示略）
2　遺言者は、妻○○○○に次の財産を相続させる。妻○○に相続させる財産は、弟○○○○に相続させる財産に比べれは少ないといえるが、今後の生活を送るには十分な財産である。どうか納得してほしい。
　　　○○銀行　○○支店　遺言者名義の定期預金のすべて
3　本遺言の遺言執行者として次の者を指定する。
　　　住所　東京都○○区○○町○丁目○番○号
　　　弁護士　○○○○

平成○○年○月○日
　　　　　　　　　　東京都○○区○○町○丁目○番○号
　　　　　　　　　　　遺言者　　○○○○　㊞

　　子がなく親がすでに他界している場合には、兄弟姉妹が相続人になります。被相続人に配偶者がいれば、兄弟姉妹の法定相続分は4分の1ですので、法定相続分によると、大半の遺産は配偶者に振り分けられます。本記載例は、被相続人が兄弟姉妹に対し、法定相続分を超えて、より多くの財産を遺すために作成したものです。ただし、配偶者の遺留分（2分の1）への配慮が必要です。

記載例25 兄弟姉妹に財産を遺したくない場合の遺言書

遺言書

遺言者○○○○は本遺言書により次のとおり遺言する。
1 遺言者の妻○○○○に遺言者の全財産を相続させる。
2 本遺言の遺言執行者として次の者を指定する。
　　　住所　東京都○○区○○町○丁目○番○号
　　　弁護士　○○○○

平成○○年○月○日

　　　　　　　　　　　東京都○○区○○町○丁目○番○号
　　　　　　　　　　　遺言者　　○○○○　　㊞

夫が死亡したが、子や孫などの直系卑属も父母や祖父母などの直系尊属もいないという場合には、兄弟姉妹が配偶者とともに相続人になります。この場合、配偶者の相続分が4分の3で、兄弟姉妹の相続分が4分の1となります。とくに遺言がなければ、この割合で遺産分割されることになります。ただ、日頃疎遠な兄弟姉妹に相続させるよりも、むしろ、自分の財産形成に大きく貢献してくれた配偶者に全財産を残したいという場合もあるでしょう。そのようなときは、本記載例のように、遺言を書いておく必要があります。遺言を書けば兄弟姉妹に遺留分はないため、遺産の全部を配偶者に相続させることができます。

記載例26　親のいない孫に財産を遺したい場合の遺言書

遺言書

遺言者○○○○は本遺言書により次のとおり遺言する。

1　遺言者は、亡き長男○○○○の長男つまり遺言者の孫○○○○（平成○年○月○日生）に○○株式会社の株式すべてを相続させる。

2　上記1の財産については、孫○○の親権者○○○○には管理させないこととする。

3　上記1の財産の管理者として次の者を指定し、同人に管理させる。

　　　住所　東京都○○区○○町○丁目○番○号
　　　氏名　○○○○

平成○○年○月○日

　　　　　　　　　　東京都○○区○○町○丁目○番○号
　　　　　　　　　　遺言者　　○○○○　㊞

　本記載例で取り上げているのは、被相続人が死亡したが、それより前に被相続人の長男が死亡しており、被相続人の配偶者、二男、長男の子（被相続人の孫）が残されたというケースです。この場合、被相続人孫は、自分の親である被相続人の子（長男）に代わって、被相続人の財産を相続（代襲相続）することができます。そして、孫は代襲相続人なので「相続させる」趣旨の遺言をすることができます。遺言書に「相続させる」と記載されていれば、登記の名義変更や預貯金の解約などを、他の相続人の協力を必要とすることなく単独で行うことができます。

　もっとも、被相続人の孫が未成年の場合、原則として、その親権者である長男の妻が孫の財産管理を行います。しかし、本記載例のように財産管理者を別途指定することも可能です。

第3章 ◆ トラブルを解決する遺言記載例

記載例27　愛人に財産を遺したい場合の遺言書

遺言書

遺言者〇〇〇〇は本遺言書により次のとおり遺言する。

1　遺言者の妻〇〇〇〇に次の財産を相続させる。

　(1)　土地

　　　（表示略）

　(2)　建物

　　　（表示略）

2　〇〇〇〇（東京都〇〇区〇〇町〇丁目〇番〇号居住、昭和〇〇年〇月〇日生）に次の土地を遺贈する。

　（表示略）

3　本遺言の遺言執行者として次の者を指定する。

　　　住所　東京都〇〇区〇〇町〇丁目〇番〇号

　　　弁護士　〇〇〇〇

平成〇〇年〇月〇日

　　　　　　　　　　東京都〇〇区〇〇町〇丁目〇番〇号

　　　　　　　　　　遺言者　〇〇〇〇　㊞

法的に婚姻関係にある配偶者とは異なり、愛人には相続権はありません。そこで、遺言者が愛人に財産を遺したい場合には、本記載例のように、遺言書で遺贈を行うことになります。ただ、本妻や愛人の夫の心情を考えると、愛人に財産を遺すことは、トラブルの火種になるといえるため、愛人に財産を遺す理由を記載したり、法定相続人（本妻など）への遺留分に配慮するなど注意が必要です。

記載例28　愛人の子に特定の財産を遺したい場合の遺言書

遺言書

　遺言者○○○○は本遺言書により次のとおり遺言する。
1　遺言者の妻○○○○に次の財産を相続させる。
　(1)　土地
　　　（表示略）
　(2)　建物
　　　（表示略）
2　○○○○（東京都○○区○○町○丁目○番○号居住、昭和○○年○月○日生）に○○銀行○○支店遺言者名義の定期預金（口座番号××××）すべてを遺贈する。
3　受遺者○○○○が、上記2の遺贈の効力発生前に死亡するか、またはその遺贈を放棄した場合には、その相続人である長男○○○○に遺贈する。
4　本遺言の遺言執行者として次の者を指定する。
　　　住所　東京都○○区○○町○丁目○番○号
　　　弁護士　○○○○

平成○○年○月○日
　　　　　　　　　　　　　東京都○○区○○町○丁目○番○号
　　　　　　　　　　　　　　　遺言者　○○○○　㊞

　愛人の子を認知した場合、その子は相続人になります。認知した（遺言で認知する場合も含みます）愛人の子に特定の財産を遺したい場合は、遺産分割方法の指定（特定の財産を「相続させる」ことを明記した遺言）が基本ですが、遺贈する方法も可能です。
　一方、認知していない場合は、遺贈する方法のみが可能です。遺贈する場合は、本記載例のように、直接に愛人の子を受遺者として行うか、愛人の子が未成年の場合は愛人を受遺者とし、愛人への遺贈が無効になった場合に愛人の子に遺贈するという、補充遺贈と呼ばれる方法があります。

記載例29　おいやめいに財産を相続させたい場合の遺言書

遺言書

　遺言者〇〇〇〇は本遺言書により次のとおり遺言する。
1　遺言者の妻〇〇〇〇に次の財産を相続させる。
　(1)　土地
　　　（表示略）
　(2)　建物
　　　（表示略）
2　遺言者のめい〇〇〇〇に〇〇銀行〇〇支店遺言者名義の定期預金（口座番号×××××）すべてを遺贈する。子どものいない遺言者夫婦にとって、死後の供養をしてくれる親族はめい〇〇のみであり、その母〇〇つまり遺言者の姉とも協議の上、この遺贈を行うこととしたものである。
3　本遺言の遺言執行者として次の者を指定する。
　　　住所　東京都〇〇区〇〇町〇丁目〇番〇号
　　　氏名　〇〇〇〇

平成〇〇年〇月〇日
　　　　　　　　　　　東京都〇〇区〇〇町〇丁目〇番〇号
　　　　　　　　　　　　　遺言者　　〇〇〇〇　㊞

　被相続人に子や孫などの直系卑属も父母や祖父母などの直系尊属もいないという場合には、兄弟姉妹（おい・めいの親）が配偶者とともに相続人になります。おい・めいには、原則として相続権はありません。おい・めいが相続できるのは、相続人となるはずの自分の親が、すでに死亡している場合であるか、相続欠格や相続廃除によって相続権を失っている場合に限られます。ただ、兄弟姉妹に相続させるのではなく、直接おい・めいに遺産を譲り渡したいという事情があるときは、遺贈によって財産を分け与えることができます。兄弟姉妹については、遺留分がありませんので、遺留分に対する配慮も不要です。

記載例30 自分より先に妹が死亡した場合に妹の子に財産を遺す場合の遺言書

遺言書

遺言者〇〇〇〇は本遺言書により次のとおり遺言する。

遺言者は、妹〇〇〇〇に、遺言者名義の次の口座の全額を遺贈する。

・〇〇銀行　〇〇支店
　普通預金　口座番号〇〇〇〇〇〇〇〇

妹が遺言者より先に死亡した場合は、妹の長男〇〇に遺贈する。

平成〇〇年〇月〇日

　　　　　　　　　　　　　東京都〇〇区〇〇町〇番〇号
　　　　　　　　　　　　　遺言者　　〇〇〇〇　㊞

遺贈をする相手（受遺者）が、遺言者より先に死亡した場合、遺言は無効になり、遺贈するはずであった財産は相続人のものとなります。受遺者の子は、代襲して遺贈を受けることができないので、受遺者の身内に相続させたい場合は、その旨を遺言書に明記しておく必要があります。相続によって兄弟姉妹が相続人となるべき場合において、その兄弟姉妹が先に死亡していたときは、その子である被相続人のおいやめいが代襲相続します。しかし、遺贈の場合は、代襲が認められませんので、「妹が先に死亡した場合は、その子どもに遺贈するものとする」というように遺言書に明記する必要があるのです。

記載例31 生前世話になった息子の妻に財産を遺したい場合の遺言書

遺言書

遺言者○○○○は本遺言書により次のとおり遺言する。

1　遺言者の長男○○○○は5年前に死亡したが、その後長男○○の妻○○○○は、同居ではなかったものの、毎日のように遺言者のもとを来訪しては献身的な世話をしてくれた。遺言者は、夫を亡くして働きながら子どもを育て、そして遺言者の面倒まで必死にみてくれた長男の妻に大変感謝している。

　ついては、遺言者○○○○は、その労苦に報いるため○○○○に○○銀行○○支店遺言者名義の定期預金（口座番号×××××）のすべてを遺贈する。

2　上記以外の財産については、妻○○、長女○○○○、二男○○○○、長男の子○○○○に、それぞれ法定相続分どおりの相続をさせる。

平成○○年○月○日

　　　　　　　　　　東京都○○区○○町○丁目○番○号
　　　　　　　　　　　遺言者　　○○○○　㊞

　息子の妻とは法律上の親子関係がありませんから、遺産を相続させることはできません。ただ、献身的に介護してくれた息子の妻に財産を遺したいと考える場合で、息子がすでに死亡しているときは、本記載例のように遺贈という形で財産を譲ることができます。どの財産を与えるのかを遺言書で明らかにしておくとよいでしょう。なお、息子の妻に財産を遺す方法には、養子縁組をすることも考えられますが、2018年の相続法改正により、特別寄与料の支払いという方法をとることができます。特別寄与料は、無償で被相続人の療養看護などを行い、被相続人の財産の維持・増加に尽力した相続人以外の親族が、相続人に対して請求できますので、本記載例における息子の妻（1親等の姻族にあたります）は、特別寄与料を請求することで、被相続人の一定の財産を受け取ることができます。

記載例32　親の後妻に財産を遺したい場合の遺言書

遺言書

　遺言者○○○○は本遺言書により次のとおり遺言する。

　遺言者は、父の後妻である○○○○に次の口座にある預金の全部を遺贈する。

　　○○銀行　○○支店

　　普通預金　口座番号　○○○○○○○○

　これは、後妻が、血縁関係にない自分を実の子同然に育ててくれたことに対する感謝の気持ちである。

　ついては、本遺言の遺言執行者として次の者を指定する。

　　住所　東京都○○区○○町○丁目○番○号

　　弁護士　○○○○

平成○○年○月○日

　　　　　　　　　　　　　東京都○○区○○町○丁目○番○号

　　　　　　　　　　　　　　遺言者　　○○○○　㊞

遺留分を有する相続人がいる場合は、トラブル防止のため、本記載例のように、血縁関係のない親の後妻に遺贈する理由を明記するとよいでしょう。遺言者の親が再婚し、その再婚相手と遺言者が養子縁組をしていないなど、再婚相手が遺言者の相続人とならない場合は、「遺贈する」趣旨を明記する必要があります。相続人以外の者に遺贈する場合は、遺言執行者を指定しておかなければ、登記申請や預貯金の解約に際し、相続人全員の協力が必要になり、円滑に進みません。なお、2018年の相続法改正により新設された、相続人以外の親族に対する特別寄与料の支払いの対象になる場合も考えられます。

記載例33　生前恩を受けた人にも財産を贈りたい場合の遺言書

遺言書

　遺言者○○○○は本遺言書により次のとおり遺言する。
　（1～4〈相続人の相続分に関する記述〉略）
5　○○○○（東京都○○区○○町○丁目○番○号在住　昭和○年○月○日生）に○○銀行○○支店遺言者名義の定期預金（口座番号××××）すべてを遺贈する。同人は介護福祉士として遺言者の日々の生活に関する世話を十分以上にしてくれ、仕事の関係で遠く離れて暮らしている遺言者の子どもたちも同人の献身ぶりには大変感謝している。よって、各相続人の同意を得て、この遺贈を行うこととしたものである。
6　本遺言の遺言執行者として次の者を指定する。
　　　住所　東京都○○区○○町○丁目○番○号
　　　弁護士　○○○○

平成○○年○月○日
　　　　　　　　　　　東京都○○区○○町○丁目○番○号
　　　　　　　　　　　　遺言者　　○○○○　㊞

　遺贈は遺言によって財産を贈るものですが、遺産分割方法の指定（相続人に対してのみ可能）と異なり、相続人以外の第三者に対しても遺贈することができます。生前に世話になった恩人や、身の周りの面倒を見てくれた人がいる場合、その人に遺産の全部または一部を分け与えたい場合は、本記載例のように、遺言書にその人の氏名、住所、生年月日、遺贈したい財産などを明らかにして遺贈を行います。

　ただ、相続権のない他人に遺産を贈ることになるので、相続人から充分な理解を得なければなりません。兄弟姉妹以外の相続人には遺留分がありますので、遺留分侵害額請求権（相続法改正前の遺留分減殺請求権に相当）を行使される可能性も考慮する必要があります。なお、遺贈を受けたくない相手方（受遺者）は、遺贈を放棄することもできます。

記載例34　推定相続人を廃除する場合の遺言書

遺言書

　遺言者○○○○は本遺言書により次のとおり遺言する。
1　遺言者の妻○○○○、長男○○○○及び二男○○○○の長男○○○○の３人に、次の財産を法定相続分に応じて相続させる。
（財産の表示略）
2　二男○○は、これを推定相続人から廃除する。二男○○は、○○年○月頃に仕事の失敗があった後、勤労意欲をまったく失い、ギャンブルと酒におぼれた荒んだ日々を送っている。金がなくなると、親である遺言者や妻○○のところに来ては金をせびり、挙句の果ては親に向かって「死んで生命保険金をよこせ」などと罵詈雑言の上、暴力までふるい、制止を振り切っては親の年金を盗むようにとっていくことがしばしばである。ついては、わが子ながら、遺言者に対する虐待、重大な侮辱または著しい非行があると考えるものである。
3　本遺言の遺言執行者として、次の者を指定する。
　　弁護士　　○○○○

平成○○年○月○日
　　　　　　　　　　東京都○○区○○町○丁目○番○号
　　　　　　　　　　　遺言者　　○○○○　㊞

　①被相続人を虐待した、②被相続人に重大な侮辱を加えた、③その他の著しい非行があった者は、相続人から廃除ができます。廃除の対象になる者は、遺留分をもつ推定相続人（配偶者、直系卑属、直系尊属）だけです。遺留分がない兄弟姉妹に相続させたくない場合は、全財産を他人に遺贈するか、他の相続人への遺産分割方法の指定をすればよいでしょう。また、廃除を遺言で行う場合は、遺言執行者が家庭裁判所に廃除を請求するので、遺言執行者の選任も遺言で行うことが必要です。ただし、廃除された者に子（被相続人の孫）がいれば、その子が親を代襲相続するので、遺留分への配慮が必要です。

記載例35　廃除を取り消して財産を遺す場合の遺言書

遺言書

　遺言者○○○○は本遺言書により次のとおり遺言する。

　遺言者○○○○は、遺言者の請求により、推定相続人から廃除されている二男○○○○について、相続人廃除を取り消し、右取消しの請求をする。

　最近、同人がやっと自己を取り戻し、ギャンブルも酒も断って職を見つけて働き始めるとともに、遺言者への言動も昔の優しかった同人に戻ってくれた。遺言者の観るところ、二男○○の改心は本物と判断できる。

　ついては、相続人廃除を取り消すことが妥当と考え、本遺言の遺言執行者として次の者を指定する。

　　住所　東京都○○区○○町○丁目○番○号
　　弁護士　　○○○○

平成○○年○月○日

　　　　　　　　　　　東京都○○区○○町○丁目○番○号
　　　　　　　　　　　遺言者　　○○○○　㊞

　家庭裁判所による廃除の審判が確定すると、廃除の対象となった推定相続人は相続権を失います。しかし、その後、推定相続人の素行が改まったため、廃除を取り消したいと思う場合もあるでしょう。廃除は被相続人の意思に基づくものですから、被相続人の気持ちが変わって廃除を取り消そうと決めた場合は、いつでも廃除の取消しを家庭裁判所に申し立てることができます。遺言で廃除の取消しを求めることも可能です。本記載例は、遺言書により廃除の取消しを求める場合に用います（廃除と同様に遺言執行者の選任が必要です）。家庭裁判所により廃除が取り消されると、相続権は元に戻ります。廃除には一定の理由が必要ですが、廃除の取消しには特別な理由が要りません。

記載例36　妻の再婚相手には財産を渡したくない場合の遺言書

遺言書

　遺言者〇〇〇〇は本遺言書により次のとおり遺言する。
1　妻〇〇〇〇には〇〇銀行〇〇支店遺言者名義の定期預金（口座番号××××）すべてを相続させる。
2　長男〇〇〇〇には下記の不動産及びその不動産内に存する動産のすべてを相続させる。
　(1)　土地
　　　（表示略）
　(2)　建物
　　　（表示略）
3　長男〇〇は上記2の不動産を子孫に引き継いでいくこと。また、妻〇〇が再婚又は死亡するまでは従来通り居住させるものとする。
4　本遺言の遺言執行者として次の者を指定する。
　　　住所　東京都〇〇区〇〇町〇丁目〇番〇号
　　　弁護士　〇〇〇〇

平成〇〇年〇月〇日
　　　　　　　　　　　東京都〇〇区〇〇町〇丁目〇番〇号
　　　　　　　　　　　　遺言者　〇〇〇〇　㊞

　妻は常に相続人となります。夫婦が共同して形成した財産の精算や、遺された妻の生活保障などが必要だからです。死亡後に妻が再婚したとしても、相続人の資格は失われません。ただ、先祖代々からの土地や屋敷など、妻に相続させた財産が、後になって妻の死亡に伴い再婚相手のところへ行くのは困るという場合は、妻の再婚可能性を見越して、遺産分割の指定をしておくとよいでしょう。

記載例37 行方不明者に相続させたくない場合の遺言書

遺言書

　遺言者〇〇〇〇は本遺言書により次のとおり遺言する。

　遺言者の長男〇〇〇〇は、高校卒業後家業の農家を継ぐことを嫌い、遺言者の制止の言葉も聞かず、東京で一旗揚げてみせると言って家を出たまま現在に至るまで音信がない。他方、農家を継いだ二男〇〇〇〇は、先年他界した遺言者の妻〇〇〇〇が寝たきり状態であった際、母の面倒をよくみるとともに、厳しい経済情勢にもかかわらず農業を立派に守ってきた。

　よって、遺言者〇〇〇〇は、長男〇〇が再び現れたとしても、同人には一切の財産の相続をさせず、これを二男〇〇に相続させる。

平成〇〇年〇月〇日

　　　　　　　　　　　　　　愛媛県〇〇郡〇〇町〇〇番地
　　　　　　　　　　　　　　遺言者　〇〇〇〇　㊞

　本記載例は、被相続人が死亡した時点で、相続人は長男と二男だけの場合です。それぞれの法定相続分は2分の1ずつですが、行方不明の長男と遺産分割の話し合いをするのは困難です。失踪宣告や不在者財産管理人の選任も手続きが面倒です。このような場合、どのように相続させたいのかが遺言書で明らかになっていれば、後で相続人同士の争いにもなりません。行方不明者に相続させたくないのであれば、他の相続人が全財産を相続するように遺言をします。ただ、特定の相続人に全財産を相続させる場合、行方不明者である相続人が兄弟姉妹以外のときは、その相続人の遺留分を侵害していることに留意する必要があります。

記載例38　現在の妻に先妻の子の世話を頼みたい場合の遺言書

遺言書

　遺言者〇〇〇〇は本遺言書により次のとおり遺言する。
1　遺言者の妻〇〇〇〇に遺言者のすべての財産を相続させる。
2　妻〇〇は、上記1を相続させる負担として、遺言者の先妻の子である長男〇〇〇〇及び長女〇〇〇〇が成人に達するまで、同居して扶養する義務を負うものとする。
3　本遺言の遺言執行者として次の者を指定する。
　　　住所　東京都〇〇区〇〇町〇丁目〇番〇号
　　　弁護士　〇〇〇〇

平成〇〇年〇月〇日
　　　　　　　　　　　東京都〇〇区〇〇町〇丁目〇番〇号
　　　　　　　　　　　遺言者　〇〇〇〇　㊞

　先妻はすでに遺言者の配偶者ではないため、相続権はありませんが、先妻との間の子には相続権があります。本記載例は先妻の子が2人いる場合なので、配偶者（後妻）の法定相続分は2分の1で、残りの2分の1を子2人が均等に（4分の1ずつ）分け合います。ただ、義理の親である後妻に扶養義務はないので（養子縁組をしている場合は扶養義務が生じます）、子が独立していない場合は、財産を相続させるだけでは将来の不安が残るため、「子を扶養する」という条件をつけて後妻に財産を相続させるとよいでしょう。なお、遺言者が子の親権をもつ場合（管理権がない場合を除く）は、遺言者死亡により親権者がいなくなるので、遺言によって後妻を子の未成年後見人に指定することができます。

記載例39　子に妻の老後の世話を頼みたい場合の遺言書

遺言書

　遺言者○○○○は本遺言書により次のとおり遺言する。
1　遺言者の長男○○○○に次の財産を遺贈する。
　(1)　土地
　　　（表示略）
　(2)　建物
　　　（表示略）
　(3)　○○銀行○○支店遺言者名義の定期預金（口座番号××××
　　　×）すべて
2　長男○○は、上記1を遺贈する負担として、遺言者の妻○○○
　○の生存中、1か月当たり15万円を月末に支払うとともに、身の
　回りの面倒をみるものとする。
3　その他の財産は長女○○○○、二女○○○○に均等に相続させる。
4　本遺言の遺言執行者として次の者を指定する。
　　　住所　東京都○○区○○町○丁目○番○号
　　　弁護士　○○○○

平成○○年○月○日
　　　　　　　　　東京都○○区○○町○丁目○番○号
　　　　　　　　　遺言者　○○○○　㊞

　親の扶養をするほど子に十分な経済的余裕がない場合、負担付遺贈という方法があります。子の1人に「母親の扶養をすること」という負担をつけて全部または一部の財産を遺贈することで、そこから母親の生活費などを工面させます。子が負担付遺贈を放棄すれば、負担付遺贈により利益を受けるはずの者（本記載例では母親）が、遺贈の対象財産を受け取ることができます（民法1002条2項）。また、負担した義務を果たさない場合、他の相続人は、遺贈の取消しを請求できます。

記載例40 妻の扶養を長男に託したい場合の遺言書

遺言書

遺言者〇〇〇〇は本遺言書により次のとおり遺言する。

1 遺言者の妻〇〇〇〇には、現在居住している家と土地を含め財産の10分の5を相続させる。

2 長男〇〇〇〇には、家と土地を除き財産の10分の4を相続させる。長男〇〇は、妻〇〇の面倒を最後までみることとする。

3 二男〇〇〇〇には、家と土地を除き財産の10分の1を相続させる。二男〇〇の相続分は遺留分(8分の1)を下回るが、妻の老後の生活に対する遺言者の配慮をよくよく理解してほしい。

4 二男〇〇に対しては、遺留分侵害額請求を行わないことを切に希望する。

平成〇〇年〇月〇日

東京都〇〇区〇〇町〇丁目〇番〇号
遺言者　〇〇〇〇　㊞

妻の老後の生活が心配である場合は、本記載例のように、遺産分割方法の指定や相続分の指定をして、生活に不自由しない程度の財産を遺せるように遺言するとよいでしょう。とくに自宅とその敷地を妻に相続させるのがポイントです(妻には配偶者居住権を相続させる方法もあります)。また、妻の扶養を長男に託す場合は、扶養にかかる費用を考えて、相続分を増やすのも一つの方法です。ただし、長男以外の子の遺留分にも十分な配慮が必要です。

記載例41 相続財産の中に借金がある場合の遺言書

遺言書

　遺言者○○○○は本遺言書により次のとおり遺言する。
1　長男○○○○には次記の財産を、住宅ローンの残債務とともに相続させる。
　(1)　土地
　　　（表示略）
　(2)　建物
　　　（表示略）
2　長女○○○○には○○銀行○○支店遺言者名義の定期預金（口座番号×××××）すべてを相続させる。長女○○の相続分は少ないが、長男○○が住宅ローンの残債務をすべて負担することを考慮して理解してほしい。
3　本遺言の遺言執行者として次の者を指定する。
　　　　住所　東京都○○区○○町○丁目○番○号
　　　　弁護士　○○○○

平成○○年○月○日
　　　　　　　　　　　東京都○○区○○町○丁目○番○号
　　　　　　　　　　　　　遺言者　○○○○　㊞

　被相続人に住宅ローンの残債務返済分（マイナスの相続財産）がある場合は、本記載例のように、1人の相続人が不動産と残債務をいっしょに相続するように遺産分割の方法を指定するとよいでしょう。ただし、債務は法定相続分に応じて各相続人が負担するのが原則ですので、債権者が債務の指定相続分を承認しない限り、債権者には指定相続分を主張できません。一方、相続人間では債務の指定相続分を主張できるので、長女が残債務を返済すれば長男に求償ができます。

記載例42　特定の者に借入金の債務と抵当権を相続させる場合の遺言書

遺言書

遺言者○○○○は本遺言書により次のとおり遺言する。

遺言者は、次男○○に、以下の土地・建物を相続させるとともに、○○銀行○○支店からの借入金○○○○万円に対する債務と、以下の土地・建物に設定された抵当権の負担を相続させる。

(1)　土地
　　　所在　　東京都○○区○○町○丁目
　　　地番　　○番○
　　　地目　　宅地
　　　地積　　100.00㎡
(2)　建物
　　　所在　　東京都○○区○○町○丁目○番地○
　　　家屋番号　○番○
　　　種類　　居宅
　　　構造　　木造ストレート葺1階建
　　　床面積　70.00㎡

平成○○年○月○日

　　　　　　　　　　　東京都○○区○○町○丁目○番○号
　　　　　　　　　　　遺言者　　○○○○　㊞

　　　　土地・建物に設定された抵当権の負担は、その抵当権によって担保する債務とともに、相続分に応じて相続されます。一般的に、遺言によって土地・建物を特定の相続人に相続させる場合は、債務もいっしょにその特定の相続人に相続させます。しかし、これは債務者を特定の相続人に変更すること、つまり債務の名義変更にあたるため、債権者の承認が必要とされています。債権者が承認しない場合は、相続人全員が法定相続分に応じて返済義務を負います。債権者が承認した場合は、不動産の名義人を次男に変更する登記（所有権移転登記）をした後、抵当権者と次男が共同で、抵当権の債務者を次男へ変更する登記を申請します。他方、債権者が承認しない場合は、次男への所有権移転登記後、債権者と次男が共同で、抵当権の債務者を相続人全員に変更する登記の申請が必要です。

記載例43　相続人の1人に財産の担保責任を負わせる場合の遺言書

遺言書

　遺言者○○○○は本遺言書により次のとおり遺産分割の方法を指定する。
　　（1～3〈他の相続人の相続分に関する記述〉略）
4　各相続人がそれぞれ取得した財産に数量不足、滅失、毀損、瑕疵等があったときは、取得した相続人の如何を問わず、遺言者の長男○○○○のみがすべての担保責任を負うものとする。
5　本遺言の遺言執行者として次の者を指定する。
　　　住所　東京都○○区○○町○丁目○番○号
　　　氏名　○○○○

平成○○年○月○日
　　　　　　　　　　　　東京都○○区○○町○丁目○番○号
　　　　　　　　　　　　　遺言者　　○○○○　㊞

　各相続人は、他の相続人に対して、お互いに公平な分配を行うために、その相続分に応じて担保責任を負います（民法911条～913条）。たとえば相続財産の数量が不足していたり、破損したというように、価値が下がった財産がある場合には、各相続人は自らの相続分に応じて、共同して価値が減った分の穴埋めをするのです。被相続人に第三者に対する債権がある場合でも、それが回収できないときには、そのマイナス分を共同して穴埋めします。こうした法定の担保責任は、本記載例のように遺言によって変更することができます（民法914条）。たとえば、相続人のうちの1人にこの責任を負わせることも可能です。

記載例44　祭祀承継者を指定する場合の遺言書

遺言書

　遺言者○○○○は本遺言書により次のとおり遺言する。
1　遺言者は妻○○○○に次の財産を相続させる。
　(1)　遺言者名義のマンション
　　（不動産の表示略）
　(2)　○○銀行○○支店遺言者名義の定期預金（口座番号×××××）
2　遺言者は長男○○○○に次の財産を相続させる。
　(1)　○○銀行○○支店遺言者名義の定期預金（口座番号×××××）
3　遺言者は、祖先の祭祀を主宰する者として長男○○○○を指定する。長男○○には墓地を含む○○家代々の墓及び仏壇など祭祀に必要な財産の一切を相続させる。
4　祭祀に必要な費用にあてるため、○○銀行○○支店遺言者名義の預金の全部を長男○○に相続させる。
5　本遺言の遺言執行者として次の者を指定する。
　　　住所　東京都○○区○○町○丁目○番○号
　　　弁護士　○○○○

平成○○年○月○日
　　　　　　　　　　東京都○○区○○町○丁目○番○号
　　　　　　　　　　遺言者　○○○○　㊞

　先祖代々の墓地や仏壇などを受け継ぐ人のことを祭祀承継者といいます。本記載例のように、遺言書で祭祀承継者として望む者を指定できます。また、祭祀には費用がかかりますから、その資金も祭祀承継者に譲り渡しておくべきでしょう。遺言で指定がないときは慣習によります。慣習が明らかでない場合は家庭裁判所で祭祀財産の承継者を決めてもらいます（民法897条2項）。

記載例45　子の未成年後見人を指定する場合の遺言書

遺言書

遺言者○○○○は本遺言書により次のとおり遺言する。

1　遺言者の長女○○○○（昭和○年○月○日生）及び長男○○○○（平成○年○月○日生）に、遺言者の財産のすべてを法定相続分に従ってそれぞれ2分の1ずつ相続させる。

2　長男○○については未成年者であるため、未成年後見人として次の者を指定する。

　　　住所　東京都○○区○○町○丁目○番○号
　　　氏名　○○○○

3　長男○○の未成年後見監督人として次の者を指定する。

　　　住所　東京都○○区○○町○丁目○番○号
　　　弁護士　○○○○

平成○○年○月○日

　　　　　　　　　東京都○○区○○町○丁目○番○号
　　　　　　　　　　遺言者　　○○○○　㊞

Advice

　未成年の子どもに親がいないとき、親権者に代わって未成年後見人が子の身上監護や財産管理を行います。そして、未成年後見人は、最後に親権を行う者（管理権がない場合は除く）の遺言で指定することができます。本記載例は、未成年後見人を指定する場合に用いるものです。未成年後見人は複数選任することもできます。未成年後見人は親権者と同じような権限と責任をもちますから、信頼できる人物を指定する必要があります。未成年後見人の指定と同時に、未成年後見監督人を指定することも可能です。未成年後見監督人とは、未成年後見人の事務を監督する者のことをいいます。

記載例46　債務の免除をしたい場合の遺言書

遺言書

遺言者○○○○は本遺言書により次のとおり遺言する。

1　遺言者の妻○○○○に次の財産を相続させる。
　(1)　土地
　　　（表示略）
　(2)　建物
　　　（表示略）
2　遺言者は、○○○○（東京都○○区○○町○丁目○番○号居住、昭和○○年○月○日生）に貸している次の債権の残存額を放棄する。
　　　契約日　平成○年○月○日
　　　債権額　○○○万円
　　　利息　年○％
　　　損害金　年○％
　　　支払期日　平成○○年○月○日
3　本遺言の遺言執行者として次の者を指定する。
　　　住所　東京都○○区○○町○丁目○番○号
　　　弁護士　○○○○
　　　（以下、日付と署名押印省略）

　債権者は、債務者が負担する債務を、一方的に免除することができますので、本記載例のように、遺言で債務を免除することも可能です。債務を免除する場合には、遺言書に、①誰の、②いつの、③どの債権（債務）であるかを記載して、混乱が生じないように、免除の対象となる債権（債務）を特定します。なお、遺言で債務の免除をしなくても、時効で債権が消滅するため、請求しないままにしておくという方法もあります。

記載例47　第三者に遺産分割方法の指定を委託する場合の遺言書

遺言書

　遺言者○○○○は本遺言書により次のとおり遺言する。
1　遺言者の財産のすべては、各相続人に法定相続分に応じて分割相続させるものとする。
2　遺産分割の方法は、遺言者がもっとも信頼する友人である次の者に指定を委託する。
　　　住所　東京都○○区○○町○丁目○番○号
　　　氏名　○○○○

平成○○年○月○日
　　　　　　　　　　　東京都○○区○○町○丁目○番○号
　　　　　　　　　　　　　遺言者　○○○○　㊞

　遺言によって、あらかじめ遺産分割の方法を指定しておいたとしても、相続開始の時点で財産をめぐる状況が大きく変化している可能性もあります。そうした場合、遺言した通りの遺産分割を行うと、かえって相続人同士の争いに発展してしまうこともあるでしょう。そこで、本記載例のように、自分の死んだ後、財産の状況に応じて遺産分割方法を決めてもらうよう、第三者に遺産分割方法の指定を委託することもできます（民法908条）。相続財産に利害関係のない第三者に決めてもらえば、一応公平な分割として、相続人も納得せざるを得なくなります。相続人は委託された人が示した遺産分割方法を承諾する義務を負います。

記載例48　遺産分割を禁止する場合の遺言書

遺言書

遺言者〇〇〇〇は本遺言書により次のとおり遺言する。

1　遺言者の財産の中、家業である染物店を継続して営業していく上で最低限必要な下記の土地、建物、設備一式は、相続開始のときより5年間分割を禁止する。なお、法定禁止期間の5年を経過した後も分割せず、さらに引き続き家業を守っていくことを希望する。

　（土地、建物、設備一式の表示略）

2　預金等のその他の財産は、各相続人に当初から法定相続分に応じて分割相続させるものとする。

3　法定禁止期間の5年を経過した後も家業を継続することができるよう、上記1の財産の望ましい遺産分割方法を定めることを次の者に委託する。

　　　住所　東京都〇〇区〇〇町〇丁目〇番〇号
　　　氏名　〇〇〇〇

平成〇〇年〇月〇日

　　　　　　　　　　　東京都〇〇区〇〇町〇丁目〇番〇号
　　　　　　　　　　　遺言者　　〇〇〇〇　㊞

Advice　相続人は、相続開始後に、原則としていつでも遺産を分割することができます。ただ、被相続人が遺言によって、遺産の一部あるいは全部の分割を禁止している場合には分割が禁止されます。たとえば、本記載例のように、土地や建物を分割したのでは家業を継続できないという場合には、遺言書によって、遺産分割を禁止しておくとよいでしょう。ただし、遺言による遺産分割の禁止期間は5年が限度とされています（民法908条）。そこで5年を超えても、遺産分割が行われないようにするためには、相続人が、遺言者の意思を尊重してくれるように、遺言書の書き方を工夫する必要があります。

記載例49　遺言執行者を指定する場合の遺言書

遺言書

　遺言者〇〇〇〇は本遺言書により次のとおり遺言する。
1　遺言者は妻〇〇〇〇に次の財産を相続させる。
　(1)　遺言者名義のマンション
　　　　名称　　〇〇〇〇マンション
　　　　所在　　東京都〇〇区〇〇町〇番〇号
　　　　建物番号（占有部分）　〇〇号室
　(2)　〇〇銀行〇〇支店遺言者名義の定期預金（口座番号×××××）
2　遺言者は長男〇〇〇〇に次の財産を相続させる。
　　〇〇銀行〇〇支店遺言者名義の定期預金（口座番号×××××）
3　遺言者は長女〇〇〇〇に次の財産を相続させる。
　　〇〇銀行〇〇支店遺言者名義の定期預金（口座番号×××××）
4　本遺言の遺言執行者として次の者を指定する。
　　　　住所　　東京都〇〇区〇〇町〇丁目〇番〇号
　　　　弁護士　〇〇〇〇
5　上記遺言執行者の指定については、同氏に依頼の上、承諾を取り付け済みである。相続開始と同時に直ちに同氏に連絡をとること。

平成〇〇年〇月〇日
　　　　　　　　　東京都〇〇区〇〇町〇丁目〇番〇号
　　　　　　　　　　遺言者　　〇〇〇〇　㊞

　本記載例のように、遺言書の中であらかじめ遺言執行者を指定しておけば、遺言に書かれた内容を確実に実行してもらうことができます。未成年者と破産者以外であれば、誰でも遺言執行者になる資格がありますが（民法1009条）、相続手続に関する一切の権限を有し、相続財産の管理・執行の権限をもちますので、法律や税金の手続きに詳しい弁護士や税理士などに依頼するのが安全です。

記載例50　複数の遺言執行者を選任したい場合の遺言書

遺言書

遺言者○○○○は本遺言書により次のとおり遺言する。

（1～3〈相続人の相続分に関する記述〉略）

4　本遺言の遺言執行者として、次の者を指定する。なお、認知手続きは、遺言執行者○○○○が行い、その他の手続きは遺言執行者○○○○が行うものとする。

　　住所　東京都○○区○○町○丁目○番○号
　　　○○○○
　　住所　東京都○○区○○町○丁目○番○号
　　弁護士　○○○○

平成○○年○月○日

　　　　　　　　東京都○○区○○町○丁目○番○号
　　　　　　　　　　遺言者　○○○○　㊞

遺言執行者は、未成年者と破産者以外であれば、原則として誰でもなることができます。ただ、法律問題が絡む場合は弁護士など、税金問題が絡む場合は税理士などの専門家が遺言執行者として適任です。この他、事情を知らない者には任せたくない事案を頼む場合は、親族や友人などを遺言執行者に選任するとよいでしょう。ただ、親族や友人などが法律や税金に詳しくなければ、特定の事案は友人に遺言執行者として実行してもらい、法律や税金に関する手続は弁護士や税理士に任せるなど、複数の遺言執行者を選任し、役割を分担させるとよいでしょう。

記載例51 遺言執行者の報酬を決めておく場合の遺言書

遺言書

　遺言者○○○○は本遺言書により次のとおり遺言する。

1　遺言者は、以下の財産を妻○○○○（昭和○○年○月○○日生）に相続させる。

（不動産の表示略）

2　本遺言の遺言執行者として次の者を指定する。

　　住所　東京都○○区○○町○丁目○番○号

　　氏名　○○○○

3　上記遺言執行者の指定については、同氏に依頼の上、承諾を取り付け済みである。相続開始と同時に直ちに同氏に連絡をとること。

4　上記遺言執行者の報酬は相続財産の3パーセントとする。なお、遺言の執行に係るその他の費用は、相続財産から別途支弁するものとする。

平成○○年○月○日

　　　　　　　　　　東京都○○区○○町○丁目○番○号

　　　　　　　　　　遺言者　　○○○○　㊞

　相続手続きにおいては、さまざまな費用がかかります。たとえば、遺言書の検認手続きの費用、相続財産目録の作成費用、相続財産の管理費用の他、遺言執行者への報酬も支払わなければなりません。遺言執行者の報酬は、遺言者が本記載例のように、遺言書で具体的な金額を記載しておけば、その額になります。遺言書に書かれていなければ、相続人と遺言執行者とで話し合って決めるか、家庭裁判所に決めてもらいます（民法1018条）。報酬の額は、対象財産の額、執行に要する時間などを考慮して決めます。なお、遺言執行者は忠実に任務を行うとともに、遺言執行の状況について相続人に報告する義務を負います。

記載例52　生命保険金の受取人を変えたい場合の遺言書

遺言書

遺言者〇〇〇〇は本遺言書により次のとおり遺言する。

（1〜3〈相続人の相続分に関する記述〉略）

4　遺言者が〇〇生命保険相互会社と締結した下記(2)の生命保険契約による生命保険金の受取人を下記(1)の者に変更する。

(1)　住所　東京都〇〇区〇〇町〇丁目〇番〇号

　　　氏名　〇〇〇〇

(2)　生命保険契約の内容

　　（契約内容の表示略）

5　遺言者の上記4に示す意思表示を〇〇生命保険相互会社に通知すべく、本遺言の遺言執行者として次の者を指定する。

　　　住所　東京都〇〇区〇〇町〇丁目〇番〇号

　　　弁護士　〇〇〇〇

平成〇〇年〇月〇日

　　　　　　　　　　　東京都〇〇区〇〇町〇丁目〇番〇号

　　　　　　　　　　　遺言者　〇〇〇〇　㊞

Advice　相続問題に関係がある保険金は、主に生命保険金です。保険金受取人が被相続人になっており、受取人の変更をしないまま被相続人が死亡した場合、保険金請求権は相続財産の一部として、各相続人が相続分に応じて保険金を相続します。一方、保険金受取人が被相続人以外の人になっている場合は、受取人として記載された人が保険契約に基づいて直接保険金を請求できます（保険金請求権は相続財産に含まれません）。なお、生命保険金は遺贈や贈与に該当しないので、原則として保険金を受け取っても遺留分侵害額請求を受ける心配はありません。

記載例53　相続人のいない者が遺贈する場合の遺言書

遺言書

　遺言者〇〇〇〇は本遺言書により次のとおり遺言する。
1　遺言者は天涯孤独の身であり、相続人はいない。ついては、次項以下に示すように財産を処分する。
2　次の土地は地元の学校法人〇〇会（住所　東京都〇〇区〇〇町〇丁目〇番〇号）に遺贈する。
　（土地の表示略）
3　遺言者が今まで収集してきた次の絵画、彫刻は都立〇〇美術館（住所　東京都〇〇区〇〇町〇丁目〇番〇号）に遺贈する。
　（絵画、彫刻の表示略）
4　上記以外の財産はすべて換価処分し、その1割にあたる売得金を5の遺言執行者への報酬として支払い、残りを一般財団法人〇〇協会に寄付する。
5　本遺言の遺言執行者として次の者を指定する。
　　　住所　東京都〇〇区〇〇町〇丁目〇番〇号
　　　弁護士　〇〇〇〇

平成〇〇年〇月〇日
　　　　　　　　　　　東京都〇〇区〇〇町〇丁目〇番〇号
　　　　　　　　　　　　遺言者　〇〇〇〇　㊞

　たとえば、配偶者がすでに死亡し、子・親・兄弟姉妹といった法定相続人もいないという場合には、相続人は誰もいないことになります。この場合に、本記載例のように、被相続人と生計を同じくしていた者、被相続人の療養看護に努めた者など、被相続人と特別の縁故があった者（特別縁故者）に財産を分け与えることができます。具体的には、いっしょに暮らしていた内縁の配偶者や生前に世話になった老人ホームなどが、特別縁故者として認められる可能性があります。それでも財産が残った場合には、国庫に帰属するため、国に財産をとられたくないのであれば、遺贈という形で特定の人に譲り渡すとよいでしょう。

記載例54　遺言で一般財団法人を設立するよう指示する場合の遺言書

遺言書

　遺言者○○○○は本遺言書により次のとおり遺言する。
1　遺言者は、次のとおり一般財団法人の設立を行う。
　(1)　目的　音楽の分野における若い優秀な人材を育成する。
　(2)　名称　一般財団法人○○音楽芸術財団
　(3)　主たる事務所の所在地　東京都○○区○○町○丁目○番○号
　(4)　資産に関する規定　一般財団法人○○音楽芸術財団の資産を構成する財団は以下のとおり。
　（資産の内容の表示略）
　(5)　設立者の氏名、住所（略）
　(6)　設立時評議員、設立時理事及び設立時監事の選任に関する事項（略）
　(7)　評議員の選任及び解任方法（略）
　(8)　公告方法（略）
　(9)　事業年度（略）
2　本遺言の遺言執行者として次の者を指定する。
　（住所・氏名省略）

平成○○年○月○日
　　　　　　　　　　　東京都○○区○○町○丁目○番○号
　　　　　　　　　　　遺言者　　○○○○　㊞

　本記載例のように、遺言で定款に記載すべき事項を定めることで、一般財団法人を設立することが可能です。その後、遺言執行者が、定款を作成し、一般財団法人の設立がなされます。一般財団法人とは、「一般社団法人及び一般財団法人に関する法律」により設立できる法人をいいます。一般財団法人は、非営利であれば、どのような事業でも行うことができます。芸術家の育成、医療や科学技術の研究など、さまざまな目的で設立されます。

記載例55 公益法人などに財産を寄付したい場合の遺言書

遺言書

　遺言者〇〇〇〇は本遺言書により次のとおり遺言する。
1　地元の社会福祉法人〇〇会に現金1000万円を遺贈する。
2　遺言者の居住する〇〇区に、市街地再開発事業に供するため、次の土地を遺贈する。
　（表示略）
3　残りの財産については、各相続人に法定相続分に従って、それぞれ相続させる。
4　本遺言の遺言執行者として次の者を指定する。
　　　住所　東京都〇〇区〇〇町〇丁目〇番〇号
　　　弁護士　〇〇〇〇

平成〇〇年〇月〇日

　　　　　　　　　　　　東京都〇〇区〇〇町〇丁目〇番〇号
　　　　　　　　　　　　　　遺言者　〇〇〇〇　㊞

　自分の死後、遺産を他人のためや、社会のために役立ててほしいと望むならば、公的事業や公益法人に財産を遺贈（寄付）するのも1つの方法です。とくに、相続人がいない場合、遺産を国に持っていかれるよりは、世の中のために活動している団体を自分で選んで、その団体に適した財産を遺贈するほうが、自分の意思を生かせるというものです。ただし、相続人がいる場合は、その相続人に自分の思いを伝えるとともに、遺留分侵害額請求（相続法改正前における遺留分減殺請求に相当）をしないように伝えることも重要です。遺言書には、どの団体に対し、どの財産を、何のために遺贈するのかを明記します。

記載例56 財産の信託をする場合の遺言書

遺言書

　遺言者○○○○は本遺言書により次のとおり遺言する。
1　遺言者の妻○○○○の成年後見人として次の者を指定する。
　　　住所　東京都○○区○○町○丁目○番○号
　　　○○○○（昭和○年○月○日生）
2　妻○○の財産管理と生活資金給付のために以下のことを信託する。
　⑴　受託者　○○信託銀行
　⑵　受益者　○○○○
　⑶　信託期間　25年
　⑷　収益金の支払方法　毎月月末に成年後見人の管理する受益者の口座に振り込む。
　⑸　信託終了時の権利帰属者　受益者
　⑹　信託財産　金1億円
3　上記2による信託を設定した残余の財産は、他の相続人に均等に相続させる。
4　本遺言の遺言執行者として次の者を指定する。
　　　住所　東京都○○区○○町○丁目○番○号
　　　弁護士　○○○○

平成○○年○月○日
　　　　　　　　　　　東京都○○区○○町○丁目○番○号
　　　　　　　　　　　　遺言者　　○○○○　㊞

　自分の死後の遺族による財産管理が心配な場合は、本記載例のように遺言信託を利用するとよいでしょう。遺言信託は、遺産の全部または一部を信託銀行などの受託者に管理・運用させ、その利益を受益者が銀行から受け取るものです。なお、遺言で成年後見人を指定しても強制力はありませんが、家庭裁判所の審判の際に考慮される可能性はあります。

記載例57　永代供養を受けられるように信託する場合の遺言書

遺言書

　遺言者○○○○は本遺言書により次のとおり遺言する。
1　遺言者の財産のうち、○○銀行○○支店遺言者名義の定期預金1億円を以って以下の信託をする。
　(1)　信託の目的　遺言者及びその祖先の永代供養のため、供養料、墓地管理料、及び法要費用を支払う。
　(2)　受託者　○○信託銀行
　(3)　受益者　宗教法人○○○
　(4)　信託財産の給付方法　信託財産からの収益金により給付する。なお、不足が生じたときには、元本から必要金額をその都度支払うものとする。
　(5)　信託期間　○○年。ただし、終了時に受託者に異議のないときは、5年ずつ自動延長するものとする。
2　上記1による信託を設定した残余の財産は、それぞれの相続人に相続分に従って相続させる。
3　本遺言の遺言執行者として次の者を指定する。
　　　　住所　東京都○○区○○町○丁目○番○号
　　　　氏名　○○○○

平成○○年○月○日

　　　　　　　　　　　東京都○○区○○町○丁目○番○号
　　　　　　　　　　　　遺言者　　○○○○　㊞

　信託銀行などに信託して、自分の死後、墓地の管理や法要の費用（永代供養料）を、信託財産の収益金で支払ってもらうという方法があります。そうしておけば、信託銀行から寺院などに対して供養料が確実に支払われますから、安心です。信託期間は、一般的には33回忌までとされる場合が多いようです。もっとも、永代供養を望み、信託期間の自動延長契約をすることも可能です。

記載例58　会社後継者を指名したい場合の遺言書

遺言書

遺言者○○○○は本遺言書により次のとおり遺言する。
1　遺言者に万が一のときは、遺言者が現在代表取締役を務める株式会社○○鉄工の次期後継者として遺言者の長男○○○○を定める。同人はいわゆる二代目であるが、創業者である遺言者の片腕として既に10年以上経過しており、経営手腕、人望ともに遜色ないレベルに達していると判断したものである。ついては、各取締役は長男○○を助けて会社の発展のために尽力してほしい。
2　株式会社○○鉄工の発行済株式10万株のうち、遺言者が所有する6万株をすべて長男○○に相続させる。
3　会社の債務に対して遺言者が負っている連帯保証も含め、遺言者の債務一切は、長男○○が負担するものとする。
4　遺言者の二男○○○○には、○○銀行○○支店遺言者名義の定期預金のすべてを相続させる。子どもたち2人の相続財産に大差があるように見えるが、責任の重さとのバランスを考慮したものであり、二男○○には諒解してもらいたい。

平成○○年○月○日

東京都○○区○○町○丁目○番○号
遺言者　　○○○○　㊞

自分の子に会社の経営権を譲渡したい場合は、本記載例のように、遺言によって後継者を指名し、その者に株式または持分を相続させるとよいでしょう。ただ、社長の選任はあくまでも取締役会や社員総会などで行われるものです。株式会社の場合、社長（代表取締役）は取締役の中から選定されるので、株式を相続させたとしても、取締役に選任されるために必要な株主総会の議決権（株主の地位）を与えることができるだけです。なお、長男に債務の一切を承継させるという内容の遺言を残しても、債権者が承認しない限り、相続人全員が法定相続分に応じて債権者に弁済する義務があります。

記載例59　事業承継について指示する場合の遺言書

遺言書

　遺言者○○○○は本遺言書により次のとおり遺言する。
1　遺言者に万が一のときは、家業の○○染物店を構成する後記記載の財産の一切を遺言者の二男○○○○に相続させる。同人は高校卒業後、染物職人として一からたたき上げ、20年が経過した現在、一人前の職人となった。ついては、同人は家業を守って、伝統の技術を後世に引き継いでいってもらいたい。
　(1)　土地（表示略）
　(2)　建物（表示略）
　(3)　染物作業に必要な施設・設備一式
　(4)　営業上の債権及び債務のすべて
　(5)　「○○染物店」に係る商号権（登記済み）等の無体財産権
2　また、同じく二男○○に、当面の運転資金として○○銀行○○支店の遺言者名義の定期預金2000万円を相続させる。
3　その他の財産は、遺言者の妻○○○○及び長男○○○○に均等に相続させる。
4　二男○○は、妻○○及び長男○○の双方のそれぞれに対し、今後10年間、毎月10万円ずつを支払うものとする。

平成○○年○月○日

　　　　　　　　　　　　東京都○○区○○町○丁目○番○号
　　　　　　　　　　　　遺言者　　○○○○　㊞

　個人商店などの個人事業を営んでいて、その店を子に継がせたいという場合には、本記載例のように、遺言書で後継者を指定して、店舗など営業用の財産を譲り渡すとよいでしょう。個人事業の資産はすべて個人財産ですから、相続の対象になります。相続人同士の争いにならないように、営業用の財産として、どの財産を、誰に与えるのかを詳しく遺言に書いておく必要があります。

記載例60　有能な従業員に遺贈したい場合の遺言書

遺言書

　遺言者○○○○は本遺言書により次のとおり遺言する。
1　遺言者は、遺言者が現在代表取締役を務める株式会社○○鉄工の次期後継者として遺言者の長男○○○○を定める。
2　株式会社○○鉄工の従業員で現在技術部長を務める○○○○に次の財産を遺贈する。同人は株式会社○○鉄工がまだ小さな町工場だった時代から技術部門を担ってきた人材であり、特許を取得した発明も十指に余る。中小企業の技術力がますます重要になる今日、今までの貢献に感謝するとともに、今後とも長男○○の右腕となって会社の発展に尽くしてほしい。ただし、受遺者の○○○○が会社を定年前に退職した際は、前記遺贈はその効力を失うものとする。
（財産の表示略）
（3～5略）
6　本遺言の遺言執行者として次の者を指定する。
　　　住所　東京都○○区○○町○丁目○番○号
　　　弁護士　○○○○

平成○○年○月○日

　　　　　　　　　　　　　　○○県○○郡○○町○番地
　　　　　　　　　　　　　　遺言者　　○○○○　㊞

　　子に会社の経営権を譲り渡したい場合には、遺言で後継者の指名をし、株式あるいは持分を相続させます。ただ、社長の選任は取締役会や社員総会などで行われるため、遺言だけで子が社長になれるわけではありません。また、有能な従業員（社員）を優遇して、会社のために一層努力してほしいと考えることもあるでしょう。こうした場合には、本記載例のように、財産の一部を遺贈するのも1つの方法です。ただ、あくまでも会社のためですから、従業員が会社を辞めれば遺贈の効力は消滅するという条件をつけておきましょう。

記載例61　農地の単独相続を指示する場合の遺言書

遺言書

　遺言者○○○○は本遺言書により次のとおり遺言する。
1　家業の農業を引き続き行っていけるよう、農地の全部を遺言者の長男○○○○に相続させる。
2　同じく長男○○に、一切の農業用動産及び当面の運転資金として○○農協の遺言者名義の定期預金1000万円を相続させる。
3　その他の財産は、遺言者の長女○○○○、二男○○○○に均等に相続させる。
4　本遺言により、長女、二男の両名の相続分は遺留分を下回ることになるが、両名はそれぞれ公務員、建築家として地歩を固めており、また農業を継ぐ意思がないことを本人たちも表明している。農地を細分化することは効率的農業の実施上死活問題となるので、遺留分侵害額請求を行わないよう切に希望する。

平成○○年○月○日

　　　　　　　　　　　　　　　　　○○県○○郡○○町○番地
　　　　　　　　　　　　　　　　　遺言者　○○○○　㊞

Advice　各相続人の法定相続分によって農地が分割されると、農業経営が成り立たなくなる場合がありますから、本記載例のように相続人の中から後継者を決めて、その人に農地全部を承継させるとよいでしょう。その方法は、遺産分割方法の指定でも遺贈でもかまいません。農地を相続や遺贈により承継した相続人は、その農地が所在する市区町村の農業委員会に届出を行います（農地法3条の3）。なお、農地以外にめぼしい財産がない場合、他の相続人から遺留分侵害額請求を受ける可能性があります。生前から農業経営を続けるかどうかを含めて、家族同士が話し合っておくことも大切です。

記載例62 ペットの世話を頼む場合の遺言書

遺言書

　遺言者○○○○は本遺言書により次のとおり遺言する。
1　遺言者は妻○○○○に次の財産を相続させる。
　(1)　遺言者名義のマンション
　　　（不動産の表示略）
　(2)　○○銀行○○支店遺言者名義の定期預金（口座番号×××××）
2　遺言者は子○○○○に次の財産を相続させる。
　　○○銀行○○支店遺言者名義の定期預金（口座番号×××××）
3　遺言者とペット同好会の仲間である○○○○（東京都○○区○○町○丁目○番○号居住、昭和○年○月○日生）に次の財産を遺贈する。
　（財産の表示略）
4　受遺者○○○○は、上記3の遺贈に対する負担として、遺言者が長年育ててきた猫の「ココ」を生涯大事に面倒をみること。また、その死後は手厚く埋葬する義務を負うものとする。
5　本遺言の遺言執行者として次の者を指定する。
　　　住所　東京都○○区○○町○丁目○番○号
　　　弁護士　○○○○

平成○○年○月○日
　　　　　　　　　　　　東京都○○区○○町○丁目○番○号
　　　　　　　　　　　　　遺言者　○○○○　㊞

　　ペットを飼っているが、自分の死後に世話をする家族がいないという場合に、ペットそのものを誰かに遺贈するということも考えられますが、世話をするにはお金も手間もかかるため、相手方が遺贈を放棄するかもしれません。そこで本記載例のように、負担付遺贈の形で、「ペットを飼育する義務を負う」という負担をつけて、金品などの財産を遺贈するという方法をとるとよいでしょう。

記載例63　死後、遺族にしてほしいことを伝える場合の遺言書

遺言書

　遺言者○○○○は本遺言書により次のとおり遺言する。
1　遺言者は、所有する全財産の相続分を次のとおり遺言する。
　　妻　　8分の6
　　長男　8分の1
　　次男　8分の1
2　遺言者の書いた日記および手紙の類はすべて私物であり、誰の目にもふれるべきものではない。よって、すべて焼却処分してほしい。
3　遺言者は漁業を生業とし、その人生の大半を海上で過ごしてきたといえるが、あらためて死後の寝室を考えるならば、やはり、広い海がふさわしいと思う。そこで、遺言者の葬送にあたっては、遺骨は分骨して、その半分は祖先が眠る墓に納骨し、残りの半分は太平洋にまいてほしい。わがままな願いではあるが、遺言者の気持ちを汲み取ってどうか叶えてもらいたい。

平成○○年○月○日

　　　　　　　　　　○○県○○郡○○町○○○丁目○番○号
　　　　　　　　　　遺言者　　○○○○　㊞

　個人的な日記や手紙などは、本人の死後であっても、他人に見られたくないと考える場合もあるでしょう。そこで、それらの処分についての指示を、本記載例のように遺言します。また最近、自然葬を望む人も多いようですが、自分の死後、遺骨を海などに散骨してほしいという内容の遺言をすることもできます。自然葬については、法務省と厚生労働省からも「節度ある方法による葬送であれば、違法ではない」との見解が示されています。もっとも、私物の処分や散骨に関する遺言には、法的な効力（強制力）がありません。遺族が遺言者の気持ちを尊重してくれるように、希望・要望として遺言書に残しておくとよいでしょう。

第4章
遺産分割のしくみと相続開始後の手続き

1 遺産の範囲について知っておこう

遺産分割の対象となる遺産の範囲が問題になることもある

■■ 遺産の調査が必要な場合もある

　相続が発生しても、特定の相続人だけが遺産を把握しており、他の相続人が遺産内容を把握できない場合があります。相続税の共同申告を行えば、遺産内容を把握できますが、相続税は各自で申告もできます。この場合は、特定の相続人から遺産内容を教えてもらい、相続税申告書があればそれを開示してもらうようにします。しかし、相続税申告書や遺産の開示を拒否された場合は、自分で調べるより他ありません。不動産については、名寄せ台帳（固定資産課税台帳）を閲覧謄写し、預貯金や証券については、相続人として思い当たる銀行・証券会社に行って、相続人として開示請求をすることになります。

　また、家庭裁判所の遺産分割調停の手続きでは、調停委員会を通じて粘り強く相続財産の開示を求めることもあります。しかし、家庭裁判所は、基本的には「当事者にわからないものは、裁判所にもわからないので、遺産探しはしない」というスタンスですから、調停の手続きで遺産探しをするのは難しいと認識してください。家事調査官が遺産調査をすることもあり得ません。家庭裁判所を通じて税務署に相続税申告書の開示を求めても、税務署は守秘義務を理由に開示を拒否します。相続税申告書の開示は、相手の協力がない限り不可能です。

■■ 遺産の範囲を確定するには

　遺産分割をするには、まず被相続人の遺産は何か、つまり遺産の範囲を確定し、次に遺産の評価額を確定します。その上で、各相続人の具体的相続分（特別受益や寄与分を加味して算定される相続の割合の

こと）を確定し、最後に誰がどの遺産を取得するかを決めます。

遺産分割の協議や調停においても、まず分割対象となる遺産の範囲を確定する必要があります。しかし、しばしば遺産の範囲について争うことがあります。とくに動産や無記名の証券など名義がはっきりしないものは争いが起こりがちです。不動産の所有権についても、登記をしていないケースなどでは、争いが生じることがあります。

たとえば、第三者との間で証券や土地所有権の帰属について争いが生じた場合、調停や訴訟などによって証券や土地所有権が被相続人に帰属することが確定して、初めて遺産として分割対象となります。

このような争いは、第三者との間に限らず、相続人同士でも生じる場合もあります。税金対策で名義変更していた場合は、その土地が遺産か特定の相続人の所有物かをめぐって争いになることもあります。

この場合、遺産分割の調停で遺産の範囲が合意できなければ、遺産分割の審判を待たずに調停を取り下げ、地方裁判所に遺産確認の訴訟を提起し、判決により遺産の範囲が確定した後に、再度、遺産分割調停を申し立てます。家庭裁判所も遺産分割の審判をする際に、遺産の範囲を判断しますが、その判断には拘束力がなく（審判では遺産の範囲が確定しない）、遺産の範囲は訴訟でしか確定できないからです。

これに対し、相続人全員が遺産分割の審判で遺産の範囲を判断することに同意し、家庭裁判所も判断可能と考えたときは、遺産分割の審判をする前提問題として、遺産の範囲を確定することになります。

■ 相続手続きに必要なこと

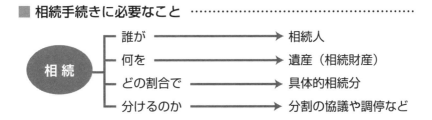

2 配偶者の居住権について知っておこう

配偶者居住権と配偶者短期居住権の2つが創設された

■ 不動産と配偶者の居住権

被相続人の不動産も遺産に含まれますので、遺産分割の対象となります。しかし、その不動産が被相続人とその配偶者の住居であった場合には、配偶者の居住権をめぐって問題になることがあります。

たとえば、Aが死亡した時に、Aには相続人として妻Bと子Cがおり、Aの遺産がA所有の住居とその敷地（土地）のみで、Aの生前はAとBが同居していたという例で考えてみましょう。以下のような2つの事例について問題点がでてきます。

事例①　Aが遺言をしていないため、Aの遺産について遺産分割協議の手続きを始めた場合

この場合、相続開始時（Aの死亡時）から遺産分割協議の終了時まで、妻Bは住居を使用し続けることが可能でしょうか。

事例②　Aが遺言をしており、その遺言で「Aの死後、A所有の住居とその敷地は子Cに与える」という意思表示を明確にしていた場合

この場合、Bはそれまでの生活の基盤であった住居から、Aの死後すぐに退去しなければならないのでしょうか。

これらの問題について、改正前は明文の規定がなく、判例などの解釈による運用が行われてきました。

事例①においては、妻Bは夫Aの生前から、A所有の住居とその敷地を使用していたことから、Aの死後、遺産分割が終了するまでの間、

Bが無償で建物を使用し続けることができるという内容の合意が、ＡＢ間で成立していたものと考えていました。

これに対し、事例②においては、妻Ｂは生活の基盤である住居が保護されなくなるおそれがありました。というのも、夫Ａの死亡にあたり、Ａの遺言により「Ａの死後は住居とその敷地を子Ｃに与える」、つまり住居はＣに使用させるという意思が明確にされていることから、ＡＢ間において、Ｂが無償で住居を使用し続けることができるという内容の合意が成立していたものと考えるのは困難だといえるためです。

以上から、妻ＢはＡの死後、生活の基盤である住居を即座に失うおそれがあるため、Ｂのような生存配偶者の居住権を保護する方策の必要性が意識されるようになりました。とくに生存配偶者であるＢが高齢期に入り、Ａの生前から夫婦で同居していた住居に、今後も自分が亡くなるまで住み続けたいと望んでいる場合、生存配偶者の居住する権利の保護をいかにして図るのかが問題になります。

そこで、2018年の相続法改正では、被相続人の死亡後の生存配偶者の居住権を保護する規定（配偶者居住権と配偶者短期居住権）が盛り込まれました。

■ 配偶者の居住権を長期的に保護する配偶者居住権

改正前においても、事例①の妻Ｂが、住み慣れた住居に長期的に住み続ける方策がないわけではありませんでした。

たとえば、Ａの死後行われる遺産分割協議において、妻Ｂが敷地を含めた住居の所有権を取得する方法があります。しかし、不動産は高額ですので、事例①において、妻Ｂが住居を相続した場合、相続分の関係から、その他に預貯金や現金などの住居以外の遺産があっても、これらの相続が困難になることがあります。とくに妻Ｂが高齢期に差しかかっている場合には、将来の人生設計の上で、住居以外の財産を持っていることも重要ですので、住居を相続により取得したからと

いって、今後の生活が安泰というわけにはいきません。

　また、遺産分割協議において、建物の賃借権や使用貸借権を設定するという方法も考えられます。しかし、賃貸借契約や使用貸借契約という契約を結ぶ必要があり、これには当然のことながら、当事者間の合意が必要です。事例①においては、妻Bと子Cが遺産分割協議において、子Cに住居の所有権を取得させる旨を合意した上で、BC間で賃貸借契約または使用貸借契約を結ぶことにも合意しなければならないため、妻Bが住居を長期にわたり使用し続けるという必要十分な目的を達成する手段は容易ではありません。

　そこで、現行法の下では、生存配偶者の長期的な居住権について必要十分な内容を保障することは困難であることから、2018年の相続法改正によって、長期間にわたり生存配偶者の居住権を保障する制度が整備されました。その制度を「配偶者居住権」といいます。

① **配偶者居住権の内容**

　生存配偶者が、相続開始時に居住していた被相続人所有の建物（住居）を対象として、終身、生存配偶者が居住建物を無償で継続使用できる権利を与えることです。配偶者居住権の存続期間は、遺言または遺産分割の定めによって、終身よりも短い期間とすることができます。

② **配偶者居住権の成立要件**

　配偶者居住権を成立させるためには、原則として、以下のいずれか1つを満たしていることが必要です。遺産分割協議は相続人全員の合意が求められますので、死因贈与契約や遺言によって、生前に配偶者居住権を確保する措置を講じておくことが重要です。

・建物の所有者は他の相続人に決定しても、配偶者に配偶者居住権を取得させる遺産分割協議が成立した
・被相続人と生存配偶者との間に、被相続人死亡後に生存配偶者に配偶者居住権を取得させるという内容の死因贈与契約が存在していた
・生存配偶者に配偶者居住権を取得させるという内容の遺言があった

③ 配偶者居住権を取得した生存配偶者の権利義務

上記の要件を満たすと、生存配偶者は配偶者居住権を取得し、配偶者居住権の財産的価値に相当する金額を相続したものとして扱われます。これにより、居住建物の所有権を取得するよりも低額の財産的価値を相続したと扱われることから、配偶者居住権以外の財産（預貯金や現金など）の相続も可能になることが期待されています。

配偶者居住権が認められた生存配偶者は、居住の目的や建物の性質により定まった用法に従って居住建物を使用する義務を負います（用法遵守義務）。また、配偶者居住権が認められる期間中は、その生存配偶者に要求しても不合理ではないといえる程度の注意の下で、居住建物を保存しなければなりません（善管注意義務）。他の相続人には認められない居住権が強固に保障されますので、居住建物に関する通常の必要費は生存配偶者が負担します。

そして、配偶者居住権は登記をすることで、第三者に対抗することができます。生存配偶者は、居住建物の所有者に対し、配偶者居住権の設定登記を申請するよう請求する権利があります。一方、配偶者居

■ **配偶者居住権（長期居住権）**

【配偶者居住権】

要件
① 建物の所有者は他の相続人に決定しても生存配偶者に配偶者居住権を取得させるという内容の遺産分割協議が成立した
② 被相続人と生存配偶者との間に、被相続人死亡後に生存配偶者に配偶者居住権を取得させるという内容の死因贈与契約が存在していた
③ 生存配偶者に配偶者居住権を取得させるという内容の遺言がある

➡ 原則として終身の間、生存配偶者がその建物を継続して使用可能

住権は生存配偶者の死亡により消滅する不安定な権利であるため、これを第三者に譲渡することはできません（譲渡禁止）。生存配偶者が用法遵守義務、善管注意義務、譲渡禁止に違反したときは、居住建物の所有者が配偶者居住権を消滅させることができます。

■■ 配偶者の居住権を短期的に保護する配偶者短期居住権

2018年の相続法改正においては、被相続人の生前の意思にかかわらず、最低でも相続開始時から6か月間は、生存配偶者の居住権が保障されるとする規定が盛り込まれました。もっとも、前述した事例（170ページ）において、妻Bと子Cとの遺産分割協議によって、子Cが建物の所有権を相続すると決定することは妨げられませんので、これを「配偶者短期居住権」と呼んでいます。

① 配偶者短期居住権の内容

生存配偶者が、相続開始時に被相続人所有の建物に無償で居住していた場合に、相続人間で居住建物の遺産分割をすべきとき（相続や遺贈に関する被相続人の遺言がない場合など）は、遺産分割により誰が居住建物を相続するかが決まった日、または相続開始時から6か月が経過する日、のいずれか遅い日までの期間、居住建物を無償で使用できることです。また、生存配偶者が、相続開始時に被相続人所有の建物に無償で居住していた場合に、相続または遺贈により居住建物の所有者が決まっているときは、配偶者短期居住権の消滅を申し入れた日から6か月が経過する日までの間、無償で居住建物を使用できます。

② 配偶者短期居住権を取得した場合

配偶者短期居住権は、遺産分割協議により最終的に居住建物の所有権が決定されるまでの暫定的な措置という意味合いが強いため、生存配偶者が自由に居住建物を使用してよいわけではありません。原則として、居住の目的や建物の性質により定まった用法に従って使用しなければならず（用法遵守義務）、善良な管理者の注意をもって居住建

物を管理しなければなりません（善管注意義務）。また、居住建物に関する通常の必要費の支出は、生存配偶者の責任において行うことも必要です。さらに、生活の基盤である居住建物に暫定的であれ居住する権利を保護するという趣旨から、配偶者短期居住権を第三者に譲渡することはできません。生存配偶者が用法遵守義務や善管注意義務に違反した場合は、配偶者短期居住権が相続人の請求によって消滅し、その際は、居住建物を相続開始時の状態にまで復帰させる義務（原状回復義務）を負います。

以上から、相続法改正の下では、前述した事例①の場合には、遺産分割協議が終了するまで、あるいは早期に遺産分割協議が終了した場合であっても相続開始時から6か月が経過する日までの期間、妻Bは無償で、夫Aと生前から同居してきた居住建物を使用できます。また、改正前の解釈では生存配偶者の居住権の保護が困難であった前述した事例②のように、遺言によって夫Aが自らの死後は住居とその敷地を子Cに使用させる意思を明確に持っていたとしても、子Cが配偶者短期居住権の消滅を申し入れた日から6か月が経過する日までの間、妻Bは無償で居住建物の使用を継続できます。

■ 配偶者短期居住権

【配偶者短期居住権の効果】
① 遺言なし → 最低でも6か月間はBは無償で建物を使用できる
② Cに相続させる（または遺贈する）という内容の遺言あり
→ Cが短期居住権の消滅を申し入れた日から6か月が経過する日まで、Bは無償で建物を使用できる

第4章 ◆ 遺産分割のしくみと相続開始後の手続き

3 預金口座をめぐる法律問題について知っておこう

遺産分割確定前に相続人が預貯金の払い戻しを受ける制度が整備された

■ 本人の預金口座と引き出し

　金融機関に預貯金を預けている人が死亡し、その事実を金融機関が知ると、預金口座を凍結するため、相続人が勝手に預金を引き出せなくなります。

　もっとも、金融機関が預金者の死亡を知る前に、相続人が葬儀代などとして預貯金を引き出してしまうケースもあります。しかし、後述するように、遺産分割協議などにより預貯金がどの相続人に帰属するのかが確定し、口座凍結が解除されるまでは、預貯金を引き出すことは許されず、遺産分割協議を行うために、まず被相続人の預金額や相続人による、引出しの有無を確認しなければなりません。

　その点、相続人は、金融機関に対して、被相続人名義の預貯金などの口座について、①残高証明の発行請求、②取引履歴の開示請求が可能です。残高証明（①）は、取引のあった支店に請求すれば、その支店にある被相続人の全口座分について残高証明を発行してもらえるため、相続人が把握していない口座が見つかることもあります。取引履歴（②）は、過去数年分の取引の状況が開示されるため、これを見れば不正な引き出しがあるかどうかを確認できます。

　残高証明の発行や取引履歴の開示は、いずれも相続人が１人で行うことができます。残高証明の発行請求は、各金融機関所定の残高証明発行依頼書に必要事項を記載して行います。添付書類は、被相続人の死亡を確認できる戸籍謄本または除斥謄本、相続人であることを確認できる戸籍謄本、相続人の印鑑証明書などです。

■■ 口座凍結解除をするには

　口座凍結を解除するための条件として、①遺産分割協議を完了させることが挙げられます。この方法によるときは、被相続人が残した全遺産について、相続人全員で話し合って、誰がどの遺産を手に入れるのか決める必要があります。また、②預貯金の分割方法だけを先に決めてしまうことも可能です（遺産の一部分割）。相続人全員の協力があれば、比較的短期間で行うことができます。2018年の相続法改正により、遺産の一部分割が可能である旨が明確にされました。

　①または②により遺産分割が確定した場合、被相続人の出生から死亡までの連続した戸籍謄本および除籍謄本、法定相続人全員分の戸籍謄本、法定相続人全員分の印鑑証明書などを用意して、金融機関に対し口座凍結解除の申請を行うことになります。

■■ 預貯金の仮払いを認める制度

　代金債権や貸金債権などの可分債権（分割できる債権のこと）は、相続開始と同時に法定相続分に応じて当然に分割され、各相続人が相続分に応じて権利を承継するとされています。預貯金債権も可分債権であることから、従来は上記のような取扱いがなされていました。

　しかし、2016年12月の最高裁大法廷決定で、預貯金債権については、不動産・動産・現金と同じように、相続開始と同時に相続分に応じて当然に分割されることはなく、遺産分割の対象となるとの判断が下されました。つまり、一部の相続人による預貯金の払戻請求には応じない、という従来からの金融機関の運用を、最高裁が追認したということができます。

　しかし、これでは、緊急の払い戻しの必要が生じた場合に、相続人全員の協力が得られなければ、一切の払い戻しを受けることができないという不都合な事態が生じかねません。

　そこで、2018年の相続法改正では、預貯金債権について遺産分割の

確定前であっても、一定額を相続人に払い戻すことを認める仮払い制度が整備されました。具体的には、①家庭裁判所の保全処分を利用するための要件を緩和したことと、②家庭裁判所外において各相続人が単独で払い戻しを受けられる制度を新設したことが挙げられます。

① 家庭裁判所の保全処分を利用するための要件の緩和

　家事事件手続法には、遺産分割の審判・調停の申立てがあった場合、相続人の急迫の危険を防止するため必要があるときは、家庭裁判所は必要な保全処分を命じることができるという内容の規定があります。現在もこの規定に基づいて預貯金の仮分割の仮処分（預貯金を仮払いを命じること）が可能ですが、要件が厳しすぎることが問題でした。

　相続法改正では、預貯金の仮分割の仮処分を認める要件を緩和する規定を追加しました。具体的には、家庭裁判所は、ⓐ遺産分割の審判または調停の申立てがあった場合に、ⓑ仮処分の申立てが別にあったときは、ⓒ相続財産に属する債務の弁済、相続人の生活費として支出したり、その他にも、遺産に含まれる預貯金債権を、申立人やその相手方が行使する必要性が認められる場合は、ⓓ他の相続人の利益を害しない限り、預貯金債権の全部または一部を仮に取得させることができます。

　仮分割される金額は家庭裁判所の判断にゆだねられていますが、原則として遺産の総額に申立人の法定相続分を乗じた額の範囲内になると考えられています。ただし、仮分割の仮処分を利用するには、上記のⓐにあるように遺産分割の審判・調停を申し立てる必要があるため、時間や費用がかかるというデメリットがあります。

② 裁判所外で各相続人が単独で払い戻しを受ける方法

　預貯金の仮分割の仮処分しか認められないとすると、緊急に払い戻しを受ける必要性が生じた場合に、家庭裁判所に申立てをしなければ、一切の払い戻しを受けられず、相続人の大きな負担になります。

　2018年の相続法改正では、各相続人が、裁判所の判断を経ずに、直接金融機関の窓口で、一定額の預貯金の払い戻しを受けることができ

るとする制度が創設されました。具体的には、各相続人は、遺産に属する預貯金債権のうち、相続開始時の預貯金の額の3分の1に、払い戻しを受ける相続人の法定相続分を乗じた額で、かつ、金融機関ごとに法務省令で定める額を上限として、単独でその権利を行使できます。

■■ 銀行預金などの名義変更の方法

被相続人の口座は、遺産分割が確定するまで凍結され、確定後に名義変更や解約の手続きをします。名義変更は、金融機関に備え付けの名義変更依頼書で申請します。所定事項を記入し、被相続人や相続人の戸籍謄本、相続人の印鑑証明書、被相続人の預金通帳または預金証書や届出印などの添付書類とともに提出するのが一般的です。

遺産分割の状況によっては、①遺産分割協議書（遺産分割協議に基づく場合）、②調停調書謄本または審判書謄本と審判確定証明書（家庭裁判所の調停・審判に基づく場合）、③遺言書または遺言書の写し（公正証書遺言以外の場合は「検認調書謄本」も必要です）といった添付書類が必要になることもあります。

■ 預貯金の仮払い制度

預貯金債権 ⇒ 遺産分割の対象に含まれることから、遺産分割前は預貯金の払い戻しは受けられないのが原則である。

遺産分割前に預貯金の払い戻しを受けるための制度（仮払い制度）

【家庭裁判所の保全処分を利用】
家庭裁判所へ遺産分割の審判または調停を申し立てる→預貯金の仮分割の仮処分を申し立てる→家庭裁判所は、申立人や相手方が預貯金債権を行使する必要性を認めたときに、預貯金の仮分割の仮処分を命ずる→金融機関は仮処分の内容を確認し、仮処分で認められた範囲内で払い戻しを行う

【裁判所外で各相続人が単独で払い戻しを受けられる方法】
各相続人は「相続開始時の預貯金の額 ×1/3× 法定相続分」で、かつ、金融機関ごとに法務省令で定める額を上限として、直接金融機関の窓口で預貯金の払い戻しを請求できる

4 遺産分割前に処分された財産の取扱いについて知っておこう

遺産分割前に処分された遺産も遺産分割の対象となる場合がある

■ なぜ改正が行われるのか

　相続人が複数いる場合、遺産分割によって各相続人が相続する具体的な財産が確定するまで、遺産（相続財産）は相続人全員の共有になります。この共有とは、各相続人が、法定相続分に応じた持分の割合によって、それぞれの遺産を所有している状態のことをいいます。

　相続人の一人が、遺産分割前に、共有状態にある相続財産の一部または全部を売却するなど処分した場合、現在の実務では、処分された財産は相続財産から逸失し、遺産分割の対象から外れるという取扱いがなされていました。具体例で見ていきましょう。

　相続人が子A、B、Cの3人のみで、遺産総額が3000万円であった場合、通常であれば、A、B、Cはそれぞれ1000万円の遺産を相続することができます。ところが、Aが遺産分割前に勝手に遺産900万円分を処分してしまったとします。

　改正前は、遺産分割の対象となる財産は、相続開始時に被相続人が所有していた財産で、かつ、遺産分割時に実際に存在する財産であると考えられていたため、処分された財産は遺産分割の対象から除外されていました。前述した事例では、Aが遺産900万円を処分すると、遺産分割の対象となる財産は2100万円となります。そのため、B、Cは各700万円の遺産しか相続できないのに対し、Aは先に処分した900万円に加えて、700万円をあわせて相続することになり、不公平な結果となります。

　相続法改正では、この相続人間の不公平を解消するため、遺産分割前に処分された財産の処理について明文の規定を置きました。

何が変わるのか

相続法改正では、遺産分割前に処分された財産の処理について、次の2つの規定を設けました。

① 遺産分割前に遺産に属する財産が処分された場合であっても、相続人全員の同意により、当該処分された財産が遺産分割時に遺産として存在するものとみなすことができる。

② 相続人の1人または数人によって、遺産分割前に遺産に属する財産が処分されたときは、①について当該相続人の同意は要しない。

前述した事例では、遺産分割前に財産を処分したAの同意は不要であるため（②）、BとCが同意すれば、Aが勝手に処分した900万円を遺産分割の対象となる財産に含めることができます。その結果、遺産分割の対象となる遺産の総額は3000万円となり、これを法定相続分に応じて3等分すると、A、B、Cは各1000万円を相続することになります。そして、Aはすでに900万円を取得しているため、遺産分割においてAが実際に取得できる遺産は100万円にとどまります。これに対し、BとCは各自1000万円ずつを取得できるというわけです。

■ 遺産分割前の財産の処分

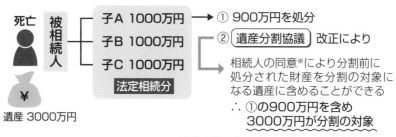

5 株式や生命保険金、退職金などの請求や手続きについて知っておこう

生命保険金や退職金は遺産に含む場合と含まない場合がある

■ 上場株式は証券会社で変更手続きをする

　株式を相続した場合、株主の名義変更（名義書換え）をしないと、配当金の支払いなどが受けられませんから、できるだけ早く名義変更の手続きをします。

　上場株式の場合、被相続人名義の証券会社の口座（古い株券の場合は特別口座）から相続人名義の証券会社の口座に、株式の口座振替を申請する必要があります。そのため、相続人は事前に証券会社に口座を開設する必要があります。手続きに必要な添付書類として、被相続人および相続人の戸籍謄本、相続人全員の印鑑証明書などを提出しなければなりません。

　非上場株式の場合は、株式の発行会社に対し、被相続人から株式を相続したことを示す書類を提出するのが原則です。手続きについては発行会社に問い合わせることが必要です。

■ その他の債権の請求方法

　遺産分割で代金債権や貸金債権などの債権を取得するときは、回収の見込みが重要です。民法の規定により、他の相続人は、相続分に応じて、債務者の資力を担保することになっていますが、後から担保請求をする（債務者に代わって弁済をするように求めること）は一般に困難であるといわれています。

　また、相続人が訴訟を提起して、遺産分割で取得した債権を行使する場合、相続を証明する各種書類の提出は必要ですが、債権譲渡の手続きは不要です。

■■ 死亡退職金がもらえる場合

　死亡退職金とは、被相続人が在職中に死亡した場合に支給される被相続人の退職金です。退職金は給料と異なり、必ずもらえる性質のものではありません。退職金の制度のない会社も多くあります。

　退職金請求権が権利となるためには、退職金の支払について、就業規則、退職金規程その他の会社の規程であるか、雇用契約において定められていなければなりません。また、退職金の制度はあっても、懲戒解雇の場合は退職金が支給されないのが普通です。単に在籍年数が足りないため支給されないこともあります。

　退職金は、会社が就業規則や退職金規程などで定めている場合には、これに該当すれば退職金請求権は雇用されていた被相続人の権利です。また、死亡退職金は、就業規則や退職金規程などの定めによって、遺産（相続財産）となる場合とならない場合があります。死亡退職金の支給先に関する定めがない場合は、退職金請求権が遺産となるので、相続人は会社に支給を請求することができます。一方、死亡退職金の支給先に関する定めがある場合（複数の支給先がある場合は、その分け方を含みます）は、その死亡退職金が支給先の独自の権利となって、遺産に含めないものとして取り扱われるのが原則です。

■■ 死亡慰労金・年金の場合

　被相続人が在職中に死亡した場合について、死亡退職金ではなく遺族に対する死亡慰労金や年金を支給すると定める会社もあります。死

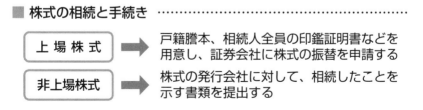

亡慰労金や年金については、会社の就業規則などの定めで、受取人を指定していることが多く、その場合は、死亡慰労金や年金が遺産ではなく指定された受取人の独自の権利となります（保険金受取人の指定がある場合と同じです）。指定する受取人については、遺族の生計を維持するため、配偶者や遺児とする場合が多いようです。

つまり、退職金が死亡の有無にかかわらず、本人の退職時に支給される制度の場合には、前述したように支給先の定めがない限り、本人の死亡後（死亡により退職と扱われます）は遺産となって、遺産分割の対象になります（可分債権として相続分に応じた債権になります）。

一方、死亡慰労金などとして受取人が定まっている場合には、その受取人固有の権利であり、本人の遺産には含まれないので、死亡慰労金などに関して相続の問題は生じないといえます。

なお、通常は社内規程（就業規則や退職金規程など）により退職金や死亡慰労金などの金額を算定して支払うことになり、相続人としては手続きが不要の場合が多いと思われます。ただ、書類などが必要な場合もあり、会社の担当者と話し合っておくことが大切です。

■■ 生命保険金の場合

被相続人の死亡により保険会社から支払われる生命保険金は、受取人固有の財産とみなされますので、相続財産には含まれないのが原則です。そのため相続放棄をした人であっても、生命保険金は受け取ることができるのです。ただし、契約者である被相続人が受取人として指定されている場合は、被相続人は自己のために生命保険契約を締結したものと考えられますので、保険金請求権は相続財産に組み込まれ、遺産分割の対象となります。なお、受取人固有の財産とされる場合であっても税法上、生命保険金や死亡退職金は、その金額が「500万円×法定相続人の数」を超える場合には、みなし相続財産として相続税が課税されますので注意が必要です。

6 遺言書の検認手続きについて知っておこう

遺言書は家庭裁判所で相続人など立会いの下で開封するのが原則

■ 遺言書を勝手に開封できるか

　被相続人が死亡したときは、まず遺言書の有無を確認します。遺言書について相続人が何も聞かされていない場合は、弁護士や司法書士などに託されている可能性もあります。遺言書を見つけたとして、封印がしてある場合は勝手に開封しないで、家庭裁判所で相続人またはその代理人の立会いの下で開封しなければなりません。この場合、遠隔地その他の事情でその全員または一部が立会いに出席できないとしても、開封の手続きをすることはできます。

　なお、封印されている遺言書を勝手に開封してしまった場合であっても、遺言書の内容が無効になるわけではありません。遺言書の開封前の状況の立証が、不明確になるおそれがあるだけです。ただ、遺言書を勝手に開封した場合は過料に処せられます。

■ 家庭裁判所による遺言書の検認

　遺言書の検認とは、家庭裁判所が遺言の存在と内容を認定するための手続きで、一種の証拠保全手続きです。検認は遺言が遺言者の真意に基づき行われたか否かは判断しないので、検認により遺言が当然に有効とされるわけではありません。検認は遺言書が遺言者の作成によることを確認するもので、検認後の偽造や変造を防ぎ、遺言書の保存を確実にすることができます。また、民法が要求する方式に従っているか否かを判断する上で、必要な事実を調査する役割も果たします。

　なお、死亡危急者の遺言については、遺言の確認という家庭裁判所の審判手続きが必要ですが、これは検認とは異なり、遺言者の真意に

基づき行われたものか否かまで判断することができます。

　偽造や変造が行われるおそれがない公正証書遺言と呼ばれる方式を採用している場合を除き、すべての遺言について検認手続きを経る必要があります。遺言書の保管者や遺言書を発見した相続人は、遺言書の検認を請求しなければなりません。そして、検認が済んでいない遺言書によっては、相続登記や預貯金の名義変更などの手続きが行えません。相続登記などの相続財産の名義変更を申請する際には、遺言書に検認済証明書を添付する必要があります。

　なお、遺言書を発見した相続人が、自分に有利になるよう削除または書換えをした場合や、隠ぺいなどの不正行為をした場合は、相続欠格に該当するため、相続人の資格を当然に失います。また、保管者や相続人が、遺言書の提出を怠り、検認手続きを経ずに遺言を執行したときは、5万円以下の過料に処せられます。さらに、遺言書の提出を怠ったことや、検認手続きを遅滞したことで、相続人や利害関係人が不測の損害を受けた場合は、損害賠償責任が生じることもあります。

■ 自筆証書遺言保管制度の創設について

　改正前の規定では、自筆証書遺言の場合、公正証書遺言のように遺言書を保管する制度がないため、紛失や偽造・変造のおそれが高いことが問題とされていました。また、相続人が遺言書の存在を把握しないまま遺産分割協議が成立し、後に遺言書が発見されたことでトラブルになるケースもあります。さらに、自筆証書遺言は家庭裁判所による検認手続きが必要となり、これを怠ると過料に処せられることから、相続人や保管者の負担が重くなるという問題点もあります。

　これらの問題を是正し、自筆証書遺言の利用を促進するため、2018年の相続法改正では、自筆証書遺言を公的機関が保管する制度を新たに創設することになりました。つまり、自筆証書遺言の原本を法務局で保管する制度が創設されます。これを**自筆証書遺言保管制度**といい

ます。具体的な手続きの流れは以下のようになります。

① 遺言者による遺言書の保管など

遺言者は、遺言者の住所地あるいは本籍地または遺言者が所有する不動産の所在地を管轄する法務局に、自筆証書遺言の原本を無封状態で持参し保管申請をします。申請を受けた遺言書保管官(法務局の担当官)は、遺言書の形式的審査を行い、誤りがあれば補正を促し、誤りがなければ原本を保管するとともに画像データ化して保存します。遺言者はいつでも保管された遺言書の閲覧と返還を請求できます。

② 相続開始後の相続人等による手続き

相続開始後になると、相続人等(相続人、受遺者、遺言執行者)は、法務局に対し、遺言書が保管されている法務局の名称等を証明する書面の交付請求ができます(これにより遺言書の保管の有無を照会することになります)。さらに、相続人等は、保管されている遺言書の閲覧と、遺言書の画像データ等の証明書の交付請求ができます(原本の交付請求はできません)。法務局は、相続人等に対し遺言書の閲覧をさせたり画像データ等の証明書を交付したりした場合や、第三者請求により遺言書の閲覧をさせた場合は、他の相続人等に対し遺言書を保管している旨を通知することになります。

なお、自筆証書遺言について、自筆証書遺言保管制度を利用した場合は、家庭裁判所による遺言書の検認手続きが不要になります。

■ **遺言書の検認**

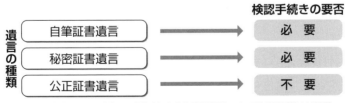

※相続法改正後は、法務局に保管された自筆証書遺言については検認手続きは不要。

7 遺産分割手続きの流れをつかもう

遺産分割協議に参加する者を確認しておく

■■ 遺産分割は相続人全員で行う

　被相続人の財産が相続人に承継される時期は、相続開始の時（被相続人の死亡時）とされています。被相続人が遺言をしているような場合を除き、相続開始により相続財産全体を相続人が相続分という割合で互いに持ち合っている状態となります。そこで、相続開始後に個々の相続財産を、それぞれの相続人の所有物として確定する手続きが必要になってきます。これが**遺産分割**です。

　まず、遺産分割のおおまかな流れについて見ておきましょう。

　遺産が可分債権（預貯金を除きます）である場合は、遺産分割手続きを経ることなく当然に相続分に応じて分割されます。負債（債務）も同じように相続分に応じて分割されます。ただし、相続人全員の同意があれば、遺産分割の対象とすることができます。

　しかし、遺産が可分債権だけの場合はほぼありません。通常は遺産に不動産、動産、現金、預貯金など、そのままでは分けられないものが含まれています。また、営業用財産などのように、機械的に分割してしまうと価値がなくなってしまう場合もあります。このような場合に、遺産分割の手続きによって、特定の相続人がその不動産や動産などを所有することに決めることができるのです。

　相続人が1人しかいない場合を除けば、どのような財産が残されていて、それをどのように分割し、誰がどの財産を相続するのかを、相続人が全員参加する遺産分割協議で話し合う必要があります。

　公平に遺産分割をするため、一部の相続人しか参加していない遺産分割協議は無効とされ、再度協議をし直さなければならなくなります

ので注意が必要です。遺産分割協議をする際は、戸籍謄本などで法定相続人をしっかりと確認しておく必要があります。

なお、遺産分割協議には代襲相続人、包括受遺者、認知された子も出席する必要があり、全員出席してはじめて協議が成立します。

■ 遺産配分は被相続人が自由に決められる

法定相続分は、民法で定めた相続分（遺産に対する持分の割合）であり、遺産配分の基準となるものです。被相続人は、法定相続分とは別に、遺留分を侵害しない範囲内で、遺言で相続分（指定相続分）や分割方法を自由に指定することができます。必ずしも法定相続分や具体的相続分（特別受益や寄与分が考慮された相続分）に従うべきものはありません。ただし、遺産分割協議がまとまらないときに家庭裁判

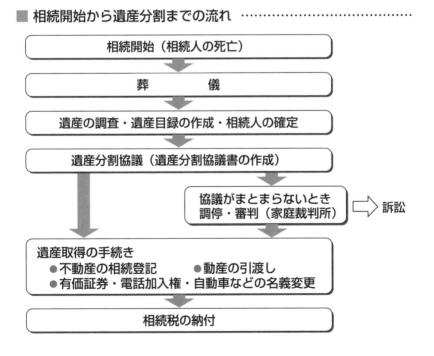

■ 相続開始から遺産分割までの流れ

所が行う調停や審判では、具体的相続分が基準になります。また、遺言で相続分や分割方法の指定を第三者に託すこともできますし、相続開始から5年を超えない期間で遺産分割を禁じることも可能です。

相続分の指定は、①全遺産について各相続人に割合的に指定する場合と、②個々の遺産について各相続人の相続分割合を指定する場合があります。たとえば、「Aには全遺産の4分の3、Bには全遺産の4分の1」と指定するのが①の場合であり、「不動産はAに4分の3、Bに4分の1」と指定するのが②の場合です。

一方、分割方法の指定（35ページ）は、現物分割や換価分割などによる遺産分割の方法を指定するもので（35ページ）、全相続人の同意がない限り、相続開始と同時に遺言どおりに分割されます。相続分や分割方法の指定は、遺留分を侵害しても有効ですが、遺留分侵害額請求権（相続法改正前の遺留分減殺請求権に相当）が行使される場合があります。後で問題にならないように、相続分や分割方法の指定は、遺言者自身が定めた方がよいわけですが、第三者に相続分や分割方法の指定を託する場合は、信頼できる人であることが大切です。

なお、債務については、相続法改正により、被相続人（債務者）の遺言があっても、債権者がそれを承認しない限り、各相続人が法定相続分に応じて債務を承継し、債権者に対して弁済義務を負うという従来からの取扱いが明文化されました。

■ 家庭裁判所に判断してもらう

遺産分割の協議が成立しなければ、家庭裁判所の調停や審判によります。協議や調停では、当事者の意向が反映され、柔軟な分割を行うことができます。しかし、審判では、当事者の意向に関係なく、具体的相続分に基づいた分割方法を決定します。分割方法は、現物分割、換価分割、代償分割、共有分割の中から選択します（192ページ）。

8 遺産分割の方法について知っておこう

個々の相続人の事情を考慮して分割を決める

■ 遺産分割は遺産の一部についてもできる

　遺産の全部を一度に分割することを**全部分割**といいます。これに対して、遺産の一部を先に分割し、残りを未分割の状態のままに置くことを一部分割といいます。たとえば、特定の遺産だけを売却して支払期限が迫った債務の支払いにあてることに合意し、残りの遺産は後で時間をかけて解決するといったケースが考えられます。また、遺産分割協議の成立後に新たな遺産が発見された場合、その遺産を分割することも一部分割となります。この場合、すでになされた遺産分割協議は相続人全員の合意があれば有効です。

　遺産はすべてを一度に分割することが理想的ですが、遺産の範囲について相続人間で争いがあり、その確定を待っていては生活資金が確保できず、生活に困窮する者や、あるいは納税資金を調達できずに延滞税が課せられる危険性があります。実務上は、かつてより一部分割をすることが可能であると考えており、争いのない遺産について先に分割して、生活資金や納税資金を確保することができるようにしていました。ただ、どのような場合に一部分割が許容されるのか、改正前は条文上明確にされていませんでした。

　そこで、2018年の相続法改正では、一部分割を共同相続人（2人以上の相続人が相続する場合のすべての相続人のことです）にとって利用しやすいものとするため、一部分割のルールを明文化しました。

　具体的には、遺言で一部分割を禁じていない限り、相続人はいつでも、共同相続人の協議によって、いつでも遺産の一部を分割することができる旨が明文化されました。また、遺産分割協議が調わないとき、

または遺産分割協議自体ができないときは、家庭裁判所に対し、一部分割の調停や審判を求めることができることも明文化されました。

これらの規定は、遺産の処分権限が第一次的には共同相続人にあるとする考え方がベースとなっており、共同相続人において自由に一部分割を行うことを認めるものです。ただし、被相続人の意思を無視することはできませんから、被相続人が一部分割を遺言で禁じていた場合は、例外的に一部分割をすることが認められません。

また、遺産について共同相続人に第一次的な処分権限が認められることから、遺産分割が調わない場合などは、家庭裁判所に対し一部分割の調停や審判を請求できます。しかし、一部分割をすることにより他の共同相続人の利益を害するおそれがある場合は、家庭裁判所に対する請求は却下されることになります。

なお、今回の相続法改正では、一部分割後の残りの遺産の分割については特別なルールが設けられませんでした。そのため、残りの遺産についてさらに一部分割することも認められます。

◼️遺産分割の方法には４つある

共同相続人が遺産分割をする方法として代表的なものは、現物分割、換価分割、代償分割、共有分割の４つです。

① 現物分割

現物分割とは、共同相続人が個別の遺産をそのままの形で取得する方法です。「〇〇区〇〇所在の建物は配偶者が相続したい」「〇〇産業の株式は長男が相続したい」というように、それぞれの受け取りたい財産が決まっている場合、財産の形を変えたくない場合（現金に換価したくない場合）などは、現物分割が有効な方法です。

現物分割では「配偶者が不動産Ａを受け取る」「次女が不動産Ｂを受け取る」といった具合に分割します。遺産となる現物が少ないときなどは、相続分に応じて現物分割をするのは難しくなりますが、当人

たちの合意があれば問題ありません。家庭裁判所の審判で現物分割をする場合は、少ない側に対する代償を付加すべきですが、多少の誤差は適法の範囲内とされます。

② **換価分割**

換価分割（価額分割）とは、遺産の一部または全部を売却して現金に換え（換価）、その現金を相続分に応じて分割する方法です。耕作中の畑など現物分割が適当でない場合、または現物分割をすると価値が下がる場合で、かつ代償分割も無理なときは換価分割をします。

実際の換価方法は、財産を任意に売却して換金するのですが、家庭裁判所に申し立てて換価してもらうこともできます。ただ、土地や建物を売却すると、相続人全員に「譲渡による所得税と住民税」が課税されるため、その分は目減りしてしまうことに注意しましょう。

③ **代償分割**

代償分割とは、1人（または数人）が価値の高い遺産の現物を相続し、残りの相続人の相続分に相当する超過分を、現物を相続した相続人が現金で支払う方法です。これは、遺産の大部分が現在も稼動中の工場や農地である際に、後継者に対しそれらをすべて相続させたい場合などに有効な方法です。

代償分割は、現物を相続する相続人に一定の資産（支払能力）がないと実行できませんので、代償分を支払うだけの資産がない場合には向いていません。なぜなら、ほとんどの遺産を相続した相続人は、相続分よりも多く受け取った分を、自分の資産で他の相続人に支払わなければならないからです。

この支払いは一括払いが原則ですが、分割払いとする方法もあります。分割払いとする場合は、現物を相続する相続人の支払能力の有無を見極めなければなりません。審判による遺産分割では、支払能力があるなど特別の事由が認められた場合に限り、分割払いによる代償分割が認められます。一方、遺産分割協議で合意に至れば、分割払いに

よる代償分割は何ら問題がありません。実際には、農地、作業場、商店など細分化が適当でない資産について、代償分割による遺産分割が行われることはよくあります。

④　共有分割

　共有分割とは、遺産の一部または全部を相続人全員が共同で所有する方法です。たとえば、不動産の共有分割をする場合は、基本的に登記手続きだけですむという利点があります。しかし、共有名義の不動産を売却する際に、共有者全員の同意が必要になるなど、共有分割後は単独の所有に比べてさまざまな制約を受けるので、共有者間の調整に困難が生じることが多いようです。

■ 協議の成立までの取扱いと分割の禁止

　被相続人が遺産分割について遺言をしている場合を除き、遺産分割協議が成立するまでは、分割方法にかかわらず、遺産は相続人全員の共同所有の状態になります。その間の遺産の管理事項については、共同相続人が相続分に応じた多数決によって決めて共同管理します。管理費用は遺産の中から支払うことも可能です。

　共同相続人は、相続開始後に、原則として、いつでも遺産を分割することができます。ただし、次のような場合には、遺産の分割が禁止されることがあります。

① 　遺言による分割の禁止

　被相続人が、遺言によって、遺産の一部または全部の分割を禁止している場合は、遺産分割が禁止されます。ただし、遺言による分割禁止期間は5年が上限と定められています。

② 　協議による分割の禁止

　相続人全員の合意によって遺産分割を禁止することもできます。ただし、遺言による分割の禁止とは異なり、分割禁止期間中であっても相続人全員の合意があれば、遺産分割をすることができます。協議に

よる分割禁止の期間も5年が上限と定められています。

③　審判による分割の禁止

相続人の資格や遺産の範囲などをめぐり係争中のような場合には、家庭裁判所が定める一定の期間は、遺産の一部または全部の分割が禁止されます。

■ 遺産分割に期限はないが相続税に注意する

民法には、遺産分割について、いつまでに行わなければならないという期限の定めはありません。つまり、「相続した財産を処分する」「担保に入れる」などの行為をしない限り、遺産分割を確定させ、相続登記で名義変更をする必要もないという場合も多いでしょう。

しかし、相続税がかかるほどの遺産がある場合は、悠長にしているわけにもいきません。相続税には「配偶者は法定相続分まで相続しても相続税はかからない」という特典がありますが、この特典は相続税の申告期限までに遺産分割が決まらないと受けられないのです。

したがって、通常の場合は、被相続人の死亡後、相続税の申告期限までに遺産分割を確定させることにしていますし、また、多少のトラブルがあっても、そのように努力しなければなりません。申告期限までに遺産分割が確定しない場合は、特典を使わずに申告書を提出するとともに、その理由を届け出ることで、3年間はこの特典を使って支払済みの税金の清算をすることができます。

■ 遺産分割が禁止されるケース

```
        ┌─────────────────┐
        │ 遺言による分割の禁止 │
        └─────────────────┘
                 ↓
              ※ 禁 止 ※
         ↙              ↘
┌─────────────────┐  ┌─────────────────┐
│ 協議による分割の禁止 │  │ 審判による分割の禁止 │
└─────────────────┘  └─────────────────┘
```

第4章 ◆ 遺産分割のしくみと相続開始後の手続き

9 遺産分割協議の流れについて知っておこう

遺産分割協議は相続人全員参加でしなければならない

■ 遺産分割協議の方法

　遺産分割協議を開く方法について、とくに法律上の決まりはありません。ただし、遺産分割協議は相続人全員（代襲相続人、認知された子も含みます）の参加が必要で（包括受遺者の参加も必要です）、1人でも協議に参加していなければ、遺産分割協議は無効になります。遺産分割協議は多数決ではなく、相続人全員の合意により成立します。

　また、法定相続分や指定相続分（30ページ）と異なる割合で分割をしても、相続人全員が協議して納得したものであれば問題ありません。遺産分割協議はいったん成立すると、全員の同意がない限りやり直しはできませんので注意しましょう。また、税務上は全員の同意があってもやり直しは否認されます（相続税の更正が認められません）。

■ 遺産分割協議の効力

　遺産分割協議の成立時に遺産分割が確定し、相続開始時に遡って有効になります。被相続人の死亡時に相続が開始され、個々の遺産について共同相続人の共有状態が生じた後、遺産分割協議が成立し、各共同相続人に分割されれば、共有状態はなかったことになるのです。

　なお、共有状態の継続中に持分を第三者に処分しても、それを遺産分割時の遺産とみなすことができる場合があります（181ページ）。

■ 協議書は人数分作成する

　遺産分割協議書を作成するかしないかは自由ですが、後日の争いを避けるための証拠として作成しておくべきです。特定の遺産が他の相

続人の所有物になる代わりに金銭を受け取るような場合に、遺産分割協議書の記載が重要な意味をもちます。また、相続による不動産の登記手続きや相続税の申告の際などには、遺産分割協議書を添付することが必要です。

■ 遺産の目録を作成する

　まず、遺産の内容を明確にするための目録を作成します。遺産の目録を参照して分割の内容を記入していきます。共同相続人の合意による一部分割は有効ですが（191ページ）、全部の遺産を対象にしていない遺産分割協議は、後から遺産が発見された際に争いとなることがありますから正確に作成します。作成のポイントは以下のとおりです。
① 誰が何をどれだけ相続するのかを明確に記します。
② 誰が目録外の何を代償として、誰にいつまでに支払うのかを記します。あわせて支払がない場合の措置も記します。
③ 第三者に対する遺贈がある場合は、誰がどの程度負担し、どのように処理するかを明記します。
④ 書式は自由です。遺言書ではないので、署名以外についてはワープロで作成した文書でもかまいません。
⑤ 住所については、住民票や印鑑証明書に記載されているとおりに記載します。不動産の所有権移転登記などの法的手続きのために必要になります。
⑥ 土地や建物などの不動産の所在、地番、構造などは、登記事項証明書に記載されているとおりに記載します。
⑦ 預貯金、預り金、株式などは、事前に金額や数を確認します。また、遺産分割協議書に押印するのと同時に、金融機関の請求書など専用書類にも押印し、受領者を確定させます。
⑧ 遺産分割協議書には、上記の事項以外の特記事項を記入してもかまいませんが、後から問題にならないように、それが法的にどんな

意味をもつのか明確にしておきましょう。
⑨　相続人全員が署名し、印鑑証明書を添付します。押印は印鑑証明を受けた実印で行います。署名はサイン（自筆）でも記名でも有効ですが、法的手続きのためには実印で押印する必要があります。作成枚数は、少なくとも遺産分割の参加者の人数分が必要です。
⑩　相続登記の手続きの際に提出する場合は、遺産分割協議書に印鑑証明書の添付が必要です。

■■ 遺産分割後の手続き

　遺産分割が確定して各相続人に帰属する財産が確定しても、その後の手続きが必要です。不動産は所有権移転登記が必要ですし、動産は他人が所持していれば引き渡してもらわなければなりません。また、銀行預金、株式などについては名義変更を行うことになります（179、182ページ）。名義変更自体は義務ではありませんが、名義変更をしなければその財産の新しい所有者になったことを客観的に証明できません。期限は定められていませんが、その後の各種手続きをできるだけスムーズに進めるためには、早めにしておいた方がよいでしょう。
　書類に不備がなければ、実印が押された遺産分割協議書に印鑑証明書を添付して登記申請手続きを行うことができます。ただ、遺産分割の確定後に、不動産の名義変更に必要な書類等への押印を拒む相続人がいる場合、調停や訴訟を通じて名義変更手続きを求めることになります。遺産分割協議書が確実に作成されていれば、訴訟や調停での手続きは簡単です。

■■ 遺産分割協議のやり直し

　相続人全員の合意に基づく遺産分割協議は、いったん成立すれば契約と同様に法的拘束力が生じ、一方的にやり直しを主張することはできなくなります。義務を履行しない相続人に対しては、遺産分割協議

で決定したことを要求していく他はないのです。ただ、共同相続人全員（包括受遺者も含みます）の合意で遺産分割協議の全部または一部を解除し、改めて協議を成立させることはできます。

　また、遺産分割協議から漏れた遺産がある場合には、従来の協議を有効としたままで、その漏れた遺産について別の協議をすることになります。相続人でない者を加えた遺産分割や、相続人の一部を除外した遺産分割協議は無効ですから再協議になります（包括受遺者がある場合にその者を除外した遺産分割協議も無効です）。また、意思表示の無効・取消を定める民法の規定は、遺産分割協議にも適用されます。たとえば、協議中に特定の者による強迫があった場合、強迫を受けた相続人は遺産分割協議の取消が可能です。

　なお、遺言書の発見で子の認知が生じた時は、各人の相続分が変更されます。他の相続人による遺産分割協議の成立後に認知された子による遺産分割の請求は、相続分に相当する価額の支払いを請求できるだけです。ただし、本来相続人になり得なかった人（被相続人の親や兄弟姉妹）が遺産を取得していた場合、認知された子から遺産分割を請求されたときは、その取得した遺産を返還する必要があります。

■ **遺産分割協議の流れ**

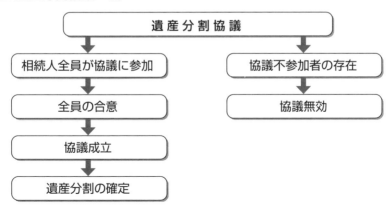

10 遺産分割協議がまとまらない場合はどうしたらよいのか

遺産分割に関するトラブルは家庭裁判所で解決する

■ 遺産分割調停

　相続人間で遺産分割協議がまとまらない、あるいは相続人の中に遺産分割協議に応じない人がいるなど遺産分割において争いが生じた場合は、家庭裁判所へ**遺産分割調停**を申し立てることになります。

　遺産分割調停は、裁判官と調停委員から構成される調停委員会が、中立公正な立場で各相続人から事情を聞いたり、場合によっては妥当な解決策を示すなどして話し合いにより円満に解決できるよう斡旋する手続きです。家庭裁判所が関与するものの、最終的には相続人全員の話し合いによる合意が解決内容となります。この意味で、遺産分割調停は、裁判所という公的な第三者機関を介した話し合いといえます。

　遺産分割調停を利用して、相続人全員の合意が得られた場合は、調停調書が作成され、この内容に沿って遺産分割が行われることになります。この調停調書には確定判決と同一の効力が認められるため、調書の内容に従わない相続人がいる場合は強制的に手続きを進めることができます。

　話し合いができない、合意に達しないなど、遺産分割調停では解決が困難な場合には、自動的に調停手続きから審判手続きへ移行し、家庭裁判所が法律に則って判断を下すことになります。

■ 遺産分割調停の申立て

　遺産分割調停は、相続人の一人からでも申立てることができますが、遺産分割協議が、相続人全員（包括受遺者を含みます）の参加を必須とする手続きであるため、遺産分割調停においても、申立人以外の相

続人・包括受遺者全員を相手方となります。

　申立先は、相手方のうちの一人の住所地を管轄する家庭裁判所（相続人全員の合意がある場合は合意された家庭裁判所）です。

　申立てに必要となる主な書類は、①申立書（216ページ）、②被相続人の出生から死亡までの連続した戸籍（改製原戸籍、除籍）謄本、③相続人全員の戸籍謄本（代襲相続が発生している場合は、被代襲者の出生から死亡までの戸籍謄本）、④相続人全員の住民票または戸籍附票、⑤登記事項証明書や預貯金の通帳の写しなど遺産を証明する書類です。

　申立費用は、被相続人1人につき1200円分の収入印紙の他、各裁判所で指定されている連絡用郵便切手を提出する必要があります。

■ 遺産分割調停の手続きの流れ

　相続人間の話し合いで遺産分割協議が調わない場合は、管轄の家庭裁判所へ必要書類と費用を添えて「遺産分割調停」の申立てを行います。申立てが受理されれば、裁判所が調停を行う日（調停期日）を決定し、申立人および相手方に第1回目の期日が書かれた呼出状が送られてきます。期日に裁判所へ出頭すると、申立人と相手方はそれぞれ「調停室」と呼ばれる部屋へ個別に入室し、調停委員と話しをすることになります。1回の期日で両者の話し合いがまとまれば、そこで調停は終わりますが、話し合いがまとまらない場合は第2回、第3回と期日が続行され、話し合いが続けられていくことになります。

　遺産分割調停を利用して相続人全員が合意に達すれば、調停調書が作成されます。一方、合意に達しない場合は、調停を取下げない限り自動的に「遺産分割審判」へ移され、通常の裁判と同様に当事者は主張立証を行うことになります。

　遺産分割調停では、相続人間で遺産をどのように分けるかを決定する手続きであることから、相続人が確定していることと、遺産の範囲

が確定していることが前提となります。遺産の範囲に争いがある場合、遺産分割調停でも、遺産の範囲について当事者全員で合意できれば解決することも可能ですが、遺産分割調停で合意を形成することが困難なケースもあり、このようなときは先に「遺産確認の訴え」など民事訴訟を提起することになります。

■■ 遺産分割審判

　遺産分割調停が不成立に終わると、別途審判の申立てを行うことなく、自動的に調停が行われた家庭裁判所で遺産分割審判の手続きが開始されることになります。

　家族間の紛争を扱う家事事件では、話し合いによる解決が望ましいと考えられているため、いきなり審判の申立てや訴訟の提起をするのではなく、まずは調停から始めなければならないとする**調停前置主義**が、原則として採用されています。離婚や親権の変更などはこの調停前置主義が採用されていますが、遺産分割については、調停前置主義は採用されていません。そのため、遺産分割調停を申し立てることなく、いきなり遺産分割審判を申し立てることも可能です。ただ、遺産分割事件も家族間の紛争に変わりはないことから、審判を申し立てても裁判所の判断によって、まずは調停に付されるのが通常です。

■■ 遺産分割審判の手続きの流れ

　遺産分割調停では、申立人と相手方がほとんど顔を合わせることなく手続きが進められていきますが、遺産分割審判では、そうはいきません。通常の訴訟と同じく、期日には相続人全員が法廷に会して、互いに主張立証を行います。

　遺産分割審判では、自らの主張を書面にまとめ、その主張を裏付ける証拠を提出します。そして、双方の主張立証が出尽くしたと裁判官が判断すれば、どのように遺産を分割すべきかについて、審判（決

定）という形で一定の判断が下されます。審判の内容は審判書という書面に記載され、各当事者に交付されます。

　審判の内容に不服がある者は、審判書が送達された日の翌日から起算して２週間以内に、審判をした家庭裁判所に対して、即時抗告という不服申立てをする必要があります（即時抗告の審理は高等裁判所が行います）。２週間以内に不服申立てがなければ審判は確定します。審判書も調停調書と同様、確定判決と同一の効果があるため、審判所の内容に基づいて強制執行が可能になります。

■ 調停調書・審判書と相続登記

　遺産分割調停や遺産分割審判で不動産を取得することになった相続人は、相続を証する書面として遺産分割調停調書の謄本または遺産分割審判書の謄本（確定証明書付）を提出すれば、他の相続人の協力なくして、単独で相続登記をすることができます。このとき、被相続人の出生から死亡までの戸籍謄本の添付は不要です。

■ 遺産分割調停・審判の流れ

```
        遺産分割協議がまとまらない
                  ▼
          遺産分割調停の申立て
          ▼              ▼
       調停成立          調停不成立
          ▼              ▼
  調停調書に従い     遺産分割審判へ移行
  遺産分割をを行う         ▼
                      審判の確定
                         ▼
                  審判書に従い遺産分割を行う
```

11 内容証明郵便の書き方、出し方について知っておこう

トラブル解決や法的な手段をとる際の証拠づくりとして活用する

■■ 内容証明郵便とは

　遺産分けや遺留分など、相続をめぐるさまざまなトラブルを解決するための手段として内容証明郵便を利用することができます。内容証明郵便は、誰が、どんな内容の郵便を、誰に送ったのか、を郵便局（日本郵便株式会社）が証明してもらえる特殊な郵便です。

　内容証明郵便は、受取人が1人の場合でも、同じ内容の文面の手紙を最低3通用意する必要があります。ただし、全部手書きである必要はなく、コピーでも大丈夫です。郵便局ではそのうち1通を受取人に送り、1通を局に保管し、もう1通は差出人に返してくれることになっています。同じ内容の文面を複数の相手方に送る場合には、「相手方の数＋2通」を用意することになります。

■■ 郵便局への差出

　作成した同文の書面3通（受取人が複数ある場合には、その数に2通を加えた数）と、差出人・受取人の住所氏名を書いた封筒を受取人の数だけ持って、郵便局の窓口へ持参します。郵便局は、近隣のうち集配を行う郵便局と地方郵便局長の指定した無集配郵便局を選んでください。その際、字数計算に誤りがあったときなどのために、訂正用の印鑑を持っていくのがよいでしょう。

　郵便局に提出するのは、内容証明の文書、それに記載された差出人・受取人と同一の住所・氏名が書かれた封筒です。窓口で、それぞれの書面に「確かに何日に受け付けました」という内容の証明文と日付の明記されたスタンプが押されます。その後、文書を封筒に入れて

再び窓口に差し出します。そして、引き替えに受領証と控え用の文書が交付されます。これは後々の証明になりますから、大切に保管しておいてください。

■ 内容証明郵便の書き方

用　紙	市販されているものもあるが、特に指定はない。 B4判、A4判、B5判が使用されている。
文　字	日本語のみ。かな（ひらがな、カタカナ）、漢字、数字（算用数字・漢数字）が使用できる。 外国語不可（英字は固有名詞に限り使用可）。
文字数と行数	縦書きの場合　　：20字以内×26行以内 横書きの場合①：20字以内×26行以内 横書きの場合②：26字以内×20行以内 横書きの場合③：13字以内×40行以内
料　金	文書1枚（430円）＋郵送料（82円）＋書留料（430円）＋配達証明料（差出時310円）＝1252円 文書が1枚増えるごとに260円加算

※2018年3月1日現在消費税8％改訂時の料金

■ 内容証明郵便を書く際の注意事項

- ・句読点
  「、」や「。」は1文字扱い
- ・☐の扱い
  文字を☐で囲うこともできるが、☐を1文字としてカウントする。たとえば、「角角」という記載については3文字として扱う
- ・下線つきの文字
  下線をつけた文字については下線と文字を含めて1文字として扱う。たとえば「3か月以内」は5文字扱い
- ・記号の文字数
  「％」は1文字として扱う。「㎡」は2文字として扱う
  「」や（）などの括弧は全体で1文字としてカウントする
- ・1字下げをした場合
  文頭など、字下げをした場合、空いたスペースは1字とは扱わない

記載例1　ある相続人から他の相続人に対する遺産分割協議の申入書

申入書

　平成○○年○月○日に父が亡くなり、3カ月が過ぎようとしています。

　そろそろ、父が残した財産の整理について、兄弟の間で話し合いをする時期かと思います。そこで、平成○○年○月○日に、私の自宅で協議を行いたいと思います。

　もし、この日に都合が悪いようでしたら、ご一報下さい。宜しくお願い致します。

平成○○年○月○日
　　東京都○○区○○1丁目2番3号
　　　　　　　　○○○○　㊞

　　東京都○○区○○3丁目4番5号
　　　　　○○○○殿

Advice　遺言で遺産の分割方法が指定されていない限り、相続人同士で、遺産の分け方（**遺産分割**）を決めることができる。遺産分割は相続人全員で行わなければならないので、まずは相続人全員を集める必要がある。この場合、電話や通常のハガキで遺産分割協議をする旨を伝えてもよいが、確実に相手に伝える手段として、内容証明郵便を利用したほうが確実である。

　遺産分割は、原則として自由にできるが、遺産分割を禁止する内容の遺言があった場合と、相続人同士で遺産分割を禁止した場合には、遺産分割ができない。ただし、遺産分割の禁止期間は5年を超えることはできない（民法256条、908条）。

記載例2　妻が夫の愛人から遺産の一部を取り戻す場合の請求書

請求書

　しかし、○○○○の妻である私には、夫の遺産について遺留分があります。

　つまり、あなたに遺贈された財産は、私の遺留分を侵害するものです。

　そのため、私は遺留分権利者として、本書面を以てあなたに対して遺留分侵害額請求を致します。

平成○○年○月○日
　　　東京都○○区○○１丁目２番３号
　　　　　　　○○○○　㊞

東京都○○区○○３丁目４番５号
　　○○○○殿

　兄弟姉妹を除いた相続人は、遺産の一定割合を確保することができる。この確保できる財産の割合を遺留分という。相続人が配偶者だけの場合、遺留分は遺産の２分の１となる。遺留分を持っている者（遺留分権利者）は、遺留分を侵害して贈与や遺贈を受けた者に対し、遺留分侵害額請求権（相続法改正前の遺留分減殺請求権に相当）を行使し、自らの遺留分を回復できる。相続または遺留分を侵害する贈与を知ってから１年で時効消滅する点についても注意が必要である。なお、相手方が内容証明郵便を受理したことや、受理した日付の証拠として、併せて、配達証明郵便の形式が、一般に用いられる。

記載例3 遺言執行者から遺贈を受けた者に遺贈条件の履行を促す請求書

請求書

　○○○○氏は、遺言の中で、貴殿に対し、東京都○○区○○町○丁目○番○号の土地と建物を遺贈しました。

　○○○○氏は、貴殿に、上記土地と建物を与えるに当たって、毎月金○万円を、△△△△氏に与えることを条件としました。

　しかし、貴殿は、上記土地と建物を譲り受けて以来、一度として△△△△氏に対して、金○万円を与えておりません。

　つきましては、本書面到達後、2週間以内に、これまでの滞納分○○万円を支払い、今後も△△△△氏に、毎月金○万円を支払って頂くようお願い致します。

　なお、お支払がない場合には、家庭裁判所に、遺贈の取消しを請求致しますことを申し添えておきます。

平成○○年○月○日
　　　東京都○○区○○1丁目2番3号
　　　　遺言執行者　　○○○○　㊞

東京都○○区○○3丁目4番5号
　　○○○○殿

遺贈の際に一定の条件（義務）をつけることがある（負担付遺贈）。その条件を満たさない場合、相続人や**遺言執行者**は、期間を定めてその条件を満たすように催告することができる。それでも義務が果たされない場合には、家庭裁判所に遺言の取消しを請求できる（民法1027条）。

記載例4　分割がすんでいない遺産の処分差止請求書

請求書

　平成○○年○月○日に、△△△△が死亡致しました。まだ、亡くなってから日が浅いこともあり、開始した相続については、遺産分割を行っておりません。そのため、△△△△の遺産は我々相続人の共有状態にあります。

　そんな中で、貴殿は、自分が住んでいる東京都○○区○町○丁目○番○号の土地建物を売却しようとしています。

　上記の土地建物は、貴殿が占有しているものの、登記名義も実質的な所有者も△△△△でした。つまり、上記の土地建物は、現在、我々相続人の共有物といえます。

　そのため、遺産分割協議により、分割がなされるまでは、処分をしないようお願い致します。

平成○○年○月○日
　　　　東京都○○区○○1丁目2番3号
　　　　　　　　○○○○　㊞

　　　　東京都○○区○○3丁目4番5号
　　　　　　　　○○○○殿

　　不動産・動産・預貯金といった遺産は、遺産分割が行われるまで、各々が相続人同士の共有になる。そのため、相続人は、自らの持分を超えて、遺産を勝手に処分（売却など）できない。なお、2018年の相続法改正により、遺産を処分（持分の範囲内を含む）した相続人以外の相続人全員が同意した場合、処分された財産を遺産に組み戻すことが可能になった。勝手に遺産を処分しようとする相続人には、早めに差止請求をしておくとよい。

記載例5　銀行に対する相続した預貯金債権の仮払い請求書

請求書

　私は、平成〇〇年〇〇月〇〇日に死亡した被相続人甲野乙郎の、法定相続分4分の1を有する相続人です。なお、被相続人甲野乙郎の遺産に関して、遺産分割協議は終了しておりません。
　この度、被相続人甲野乙郎の葬儀費用の支払いのため、御行に対して被相続人が有していた下記預貯金債権額のうち、民法909条の2に基づき、金25万円に関して、払い戻しを請求致します。

記

指定口座　〇〇銀行〇〇支店
店　番　000
科　目　普通
口座番号　0000000
口座名義人　甲　野　乙　郎
預金額　3,000,000円

平成〇〇年△月△日
　　　〇〇県〇〇市〇〇区〇〇条〇丁目〇番〇号
　　　　　　　　　　　　〇〇〇〇　㊞
〇〇銀行〇〇支店　御中

　2018年の相続法改正により、相続人が、遺産分割協議の成立前であっても、一定額を上限として、遺産に含まれる被相続人の預貯金債権の払い戻しを受けることが可能になった。原則的には、相続開始時点で存在する預貯金債権額の3分の1に相当する金額に、払い戻しを求める相続人の法定相続分を乗じた金額を上限として、払い戻しを請求することができる。なお、相続法改正では、預貯金債権について、家庭裁判所による仮分割の仮処分の要件が緩和された。

記載例6 生存配偶者の短期居住権を理由として受遺者の退去請求を拒否する通知書

通知書

　貴殿は、平成○○年○○月○○日に死亡した△△△△の遺言により、下記建物の所有権を取得されました。私は、△△△△の配偶者であり、相続開始時点で、△△△△所有の同建物を無償で使用しておりました。

　よって、私は配偶者短期居住権を取得しております。したがって、貴殿は平成○○年□□月□□日付で、私に対して、同建物からの退去を請求されましたが、私は配偶者短期居住権を行使致しますので、平成○○年□□月□□日より6か月を経過するまでの間、同建物を引き続き使用することが可能でございます。つきましては、貴殿による、平成○○年□□月□□日付の同建物からの即時退去請求を拒否致したく、その旨を通知申し上げます。

物件の表示

所　　在　○○県○○市○○区○○条○丁目
　　　　　○番地○の建物
家屋番号　○番○
種　　類　居宅
構　　造　鉄筋コンクリート造1階建
床面積　　52.5㎡

平成○○年△月△日
　　　○○県○○市○○区○○条○丁目○番○号
　　　　　　　　　　　　　　○○○○　㊞
　　　○○県○○市△△区○○条○丁目□番□号
　　　○○○○　殿

　2018年の相続法改正により、生存配偶者が相続開始時点で被相続人所有の建物に無償で居住していた場合、①遺言がなければ遺産分割終了時まで、②遺言があれば所有者が退去請求をした日から6か月経過時まで、引き続き無償で建物を使用可能になった（配偶者短期居住権）。

第4章 ◆ 遺産分割のしくみと相続開始後の手続き　211

記載例7　相続人以外の親族による特別の寄与を理由とする金銭の支払請求書

請求書

　私は、平成○○年８月１０日に死亡した△△△△の長男（平成○○年３月１４日死亡）である□□□□の配偶者であり、△△△△が死亡するまでの１０年間に渡り、同人と同居し、勤めていた会社を辞職の上で、療養看護に専念して参りました。義父△△△△の日常生活に必要な財産管理を行うとともに、療養看護に必要な医療費等の経費については、もっぱら私個人が有する財産を充て、義父△△△△の財産の維持に努めました。したがって、私は民法１０５０条１項に規定する、特別寄与者に該当するものです。

　つきましては、被相続人である義父△△△△の法定相続人である貴殿に対して、被相続人△△△△の療養看護に充てた金銭に相当する金額２００万円について、特別寄与料として、お支払いいただきたく、ここに請求致します。

平成○○年△月△日
　　　○○県○○市○○区○○条○丁目○番○号
　　　　　　　　　　　　　　○○○○　㊞
　　　○○県○○市△△区○○条○丁目□番□号
　　　　○○○○　殿

Advice　2018年の相続法改正により、相続人以外の親族（6親等内の血族か3親等内の姻族にあたる者）に対して、相続人への特別寄与料の請求権が認められることになった。つまり、被相続人の生前に、無償で行った療養看護などによって、被相続人の財産の増加や維持に貢献した（特別寄与）と認められれば、相続人以外の親族であっても、相続人に対して、貢献分に相当する金銭（特別寄与料）の請求ができる。なお、特別寄与料の金額などについて、当事者間で協議が調わない場合は、家庭裁判所に対して協議に代わる処分を求めることができる。

12 遺産分割以外の相続トラブルの解決策を知っておこう

家庭裁判所の調停・審判や民事訴訟を利用する

■ 相続人の範囲に争いがある場合

　遺産分割を行うには、まず「誰が相続人か」（相続人の範囲）を確定し、次に「何が遺産に含まれるか」（遺産の範囲）を確定する必要があります。

　相続人の確定は、通常、被相続人の出生から死亡までの戸籍（改製原戸籍、除籍）謄本の記載に従って行います。ただし、被相続人が認知症を発症した後に養子縁組をしていたり、意識不明の状態で婚姻届けが提出されていた場合などは、被相続人との身分関係に争いが生じる可能性があります。このような場合は養子縁組無効確認の訴えや婚姻の無効確認の訴えなどを家庭裁判所へ行うことになります。この他にも、他人の子を実子として届け出ていたような場合に、被相続人との親子関係がないことを確認するための親子関係不存在確認の訴えや、死後認知を求めるための認知の訴えなどの提起も、相続人の範囲に争いが生じた場合に利用される手続きです。

　いずれの訴えも、身分関係を争うものなので、原則として調停前置主義が採用されます。そのため、訴えを起こすにはまず調停を申し立てる必要があります。調停において当事者間で話し合い、合意が成立しないときは訴えを提起することになります。

■ 遺産の範囲に争いがある場合

　たとえば、被相続人名義の不動産であっても、相続人の一人がその不動産を購入する資金を出していた場合には、この不動産を遺産に含めるかどうかで揉めることがあります。相続人間の話し合いで解決で

きればいいのですが、解決できない場合は、裁判所の手続きが必要となります。このように、遺産の範囲に争いがある場合、裁判所の手続きとして2つの解決策が考えられます。

　まずは、家庭裁判所へ遺産分割調停を申し立て、話し合いの中で、当該不動産を遺産に含めるか否かについて合意を形成する方法が考えられます。合意に達すれば、家事調停委員を交えてどのように遺産を分割するかを話し合うことになります。他方、合意が形成できない場合は、調停不成立となって、自動的に審判手続きへ移行するので、遺産分割審判において、裁判官に当該不動産が遺産に含まれるか否かを判断してもらうことになります。ただし、遺産分割審判において、遺産の範囲についての判断は、あくまでも遺産分割を行う前提にすぎないため、遺産の範囲については既判力（一度確定判決をうけた事項について当事者は別途争うことはできず、裁判所もその内容に拘束されるという効力）が認められていません。そのため、後日、他の相続人が訴訟を提起して、再度遺産の範囲が争われる危険性があります。

　次に、調停ではなく、直接、裁判所へ「遺産確認の訴え」を提起する方法が考えられます。遺産確認の訴えは、民事訴訟となるため家庭裁判所ではなく、相手方の住所地を管轄する地方裁判所へ訴えを提起しなければなりません。また、固有必要的共同訴訟と考えられているため、訴えを提起した人を除く相続人全員を相手方とする必要があります。なお、遺産確認の訴えで遺産の範囲が確定すれば、それを前提として家庭裁判所へ遺産分割調停または遺産分割審判を申し立てることになります。

■ 遺留分侵害額請求訴訟の提起

　兄弟姉妹以外の相続人には、最低限の相続割合である「遺留分」が認められています。遺留分が侵害されたときは、遺留分を侵害する受遺者や受贈者（相手方）に対し、遺留分侵害額請求権（相続法改正前

の遺留分減殺請求権に相当）を行使することになります。

　遺留分侵害額請求権は行使の意思表示をすれば、法的効力が発生するとされていますが、相手方が遺留分相当額の金銭の支払い（相続法改正前は財産の返還）をしない場合、まず家庭裁判所へ遺留分侵害額請求調停を申し立て、調停不成立となった場合に、地方裁判所へ遺留分侵害請求訴訟を提起することになります。これは、遺留分に関する紛争も家事事件として調停前置主義が採用されますが、遺産分割のように調停不成立の場合に自動的には審判手続きに移行しない点から、調停で解決しなければ別途、訴訟を提起する必要があるためです。

■ 遺言の無効を訴える

　被相続人が遺言書を遺していた場合は、遺産分割は被相続人の意思を尊重して遺言内容に沿って行われるのが原則です。

　ただし、遺言が認知症などで遺言能力がない状態で作成された場合や、特定の相続人が有利になるよう脅されて遺言書が作成された疑いがあるなど、遺言の有効性に疑義が生じるケースも少なくはありません。その場合には、まず家庭裁判所へ遺言無効確認調停を申し立て、調停が不成立な場合には地方裁判所へ遺言無効確認訴訟を提起することになります。遺言についての争いも、遺留分同様、家事事件とされているため、調停前置主義が採用されているからです。

■ 遺産分割以外のトラブルと手続き

相続人の範囲に争いがある	婚姻無効の訴え、養子縁組無効の訴え 親子関係不存在の訴え　など
遺産の範囲に争いがある	遺産分割調停・審判、遺産確認の訴え
遺留分について争いがある	遺留分減殺請求調停・訴訟
遺言について争いがある	遺言無効確認調停・訴訟

書式　遺産分割調停申立書

受付印	

遺産分割　☑調停　□審判　申立書

（この欄に申立て1件あたり収入印紙1,200円分を貼ってください。）

収入印紙　　　円
予納郵便切手　　円

（貼った印紙に押印しないでください。）

東京　家庭裁判所　御中
平成 30年 4月 9日

申立人（又は法定代理人など）の記名押印：**伊藤 清**　㊞

準口頭

添付書類
（審理のために必要な場合は、追加書類の提出をお願いすることがあります。）
☑ 戸籍（除籍・改製原戸籍）謄本（全部事項証明書）合計 4 通
□ 住民票又は戸籍附票　合計　　通　　□ 不動産登記事項証明書　合計　　通
☑ 固定資産評価証明書　合計 5 通　　☑ 預貯金通帳写し又は残高証明書　合計 2 通
□ 有価証券写し　合計　　通　　□

当事者	別紙当事者目録記載のとおり		
被相続人	本籍（国籍）	東京 ㊛都道府県	文京区××○丁目○番地
	最後の住所	東京 ㊛都道府県	文京区××○丁目○番○号
	フリガナ 氏名	イトウ　タダシ **伊藤 正**	平成29年12月14日死亡

申立ての趣旨

被相続人の遺産の分割の（ ☑ 調停 ／ □ 審判 ）を求める。

申立ての理由

遺産の種類及び内容	別紙遺産目録記載のとおり		
被相続人の債務	□ 有	□ 無	☑ 不明
☆ 特別受益	☑ 有	□ 無	□ 不明
遺言	□ 有	☑ 無	□ 不明
遺産分割協議書	□ 有	☑ 無	□ 不明
申立ての動機	□ 分割の方法が決まらない。 □ 相続人の資格に争いがある。 ☑ 遺産の範囲に争いがある。 □ その他（　　　　　　　　　　）		

（注）太枠の中だけ記入してください。
□の部分は該当するものにチェックしてください。
☆の部分は、被相続人から生前に贈与を受けている等特別な利益を受けている者の有無を選択してください。「有」を選択した場合には、遺産目録のほかに、特別受益目録を作成の上、別紙として添付してください。

遺産（1/　）

(942100)

当事者目録

☑申立人 □相手方	本籍(国籍)	東京 ㊞道 府県 文京区××○丁目○番地		
	住所	〒112-0000 東京都文京区××○丁目○番○号 (方)		
	フリガナ 氏名	イトウ キヨシ 伊藤 清	大正 ㊞昭和 平成 33年 5月12日生 (59 歳)	
	被相続人との続柄	長男		
□申立人 ☑相手方	本籍(国籍)	東京 ㊞道 府県 文京区××○丁目○番地		
	住所	〒112-0000 東京都文京区××○丁目○番○号 (方)		
	フリガナ 氏名	イトウ マキコ 伊藤 真紀子	大正 ㊞昭和 平成 38年 1月18日生 (55 歳)	
	被相続人との続柄	長女		
□申立人 ☑相手方	本籍(国籍)	東京 ㊞道 府県 文京区××○丁目○番地		
	住所	〒165-0000 東京都中野区××○丁目○番○号 (方)		
	フリガナ 氏名	イトウ アキオ 伊藤 昭夫	大正 ㊞昭和 平成 39年 6月28日生 (53 歳)	
	被相続人との続柄	次男		

(注) □の部分は該当するものにチェックしてください。

遺産 (/)

(942102)

13 家庭裁判所の手続きが必須の相続手続きもある

相続放棄・限定承認は必ず家庭裁判所で手続きをしなければならない

■■ 相続放棄・限定承認

　被相続人の財産のすべて放棄する「相続放棄」と、プラスの財産の範囲内でマイナス財産を引き継ぐ「限定承認」は、いずれも、相続の開始を知った日から3か月以内に、家庭裁判所で手続きを行わなければ、マイナス財産を含むすべての財産を相続したものとみなされることになります（これを単純承認といいます）。

　なお、財産が多岐にわたる、あるいは遠方に複数の不動産があるなど、財産の調査に時間がかかり、3か月以内の熟慮期間内に相続放棄等の申立てができないときは、家庭裁判所へ「相続の承認又は放棄の期間の伸長」の申立てを行えば、熟慮期間を伸長してもらえる可能性があります。

■■ 相続放棄に必要な書類

　相続放棄は、被相続人の最後の住所地を管轄する家庭裁判所へ、下記の書類をそろえて申立てを行います。

① 相続放棄申述書（次ページ）
② 被相続人の住民票除票又は戸籍附票
③ 相続放棄をする人の戸籍謄本
④ 被相続人の死亡の記載のある戸籍謄本（被相続人の親などの直系尊属、兄弟姉妹が相続放棄をする場合は、被相続人の出生から死亡までの戸籍（改製原戸籍、除籍）謄本が必要です）などで、1人につき800円分の収入印紙の他、各裁判所で指定されている連絡用郵便切手を手続き費用として提出する必要があります。

書式　相続放棄申述書（20歳以上）

相続放棄申述書

受付印	
	（この欄に収入印紙８００円分をはる。）
収入印紙　　円	
予納郵便切手　円	（はった印紙に押印しないでください。）

準口頭　　関連事件番号　平成　　年（家　）第　　　　号

東京　家庭裁判所　御中　平成 30 年 6 月 1 日	申述人（未成年者などの場合は法定代理人）の署名押印	山口　浩二　㊞

添付書類　申述人・法定代理人等の戸籍謄本 2 通　被相続人の戸籍謄本 1 通

申述人

本籍	東京 ㊞道府県　渋谷区大山町○丁目○番地		
住所	〒151-0000　　電話 03（○○○○）○○○○　東京都渋谷区大山町○丁目○番○号　（　　　方）		
フリガナ　氏名	ヤマグチ　コウジ　山口　浩二	㊞昭和 44 年 1 月 16 日生	職業　会社員
被相続人との関係	※ 被相続人の……　①子　2 孫　3 配偶者　4 直系尊属（父母・祖父母）　5 兄弟姉妹　6 おいめい　7 その他（　　　　）		

法定代理人
※ 1 親権者　2 3 後見人

住所	〒　－　　電話（　　）　（　　　方）
フリガナ　氏名	フリガナ　氏名

被相続人

本籍	東京 ㊞道府県　渋谷区大山町○丁目○番地	
最後の住所	申述人の住所と同じ	死亡当時の職業　無職
フリガナ　氏名	ヤマグチ　ヒサシ　山口　久	平成 30 年 4 月 15 日死亡

（注）太枠の中だけ記入してください。※の部分は、当てはまる番号を○で囲み、被相続人との関係欄の7、法定代理人等欄の3を選んだ場合には、具体的に記入してください。

第4章 ◆ 遺産分割のしくみと相続開始後の手続き　　219

申　立　て　の　趣　旨
相　続　の　放　棄　を　す　る　。

申　立　て　の　理　由	
※ 相続の開始を知った日………平成 30 年　4 月 15 日 　① 被相続人死亡の当日　　　3　先順位者の相続放棄を知った日 　2　死亡の通知をうけた日　　　4　その他（　　　）	
放　棄　の　理　由	相　続　財　産　の　概　略
※ 1　被相続人から生前に贈与を受けている。 2　生活が安定している。 3　遺産が少ない。 4　遺産を分散させたくない。 ⑤　債務超過のため。 6　その他（　　　　）	資 産　農地……約　　　平方メートル　　預　金 　　　　　　　　　　　　　　　　預貯金 ……約 200 万円 　山林……約　　　平方メートル　　有価証券……約 300 万円 　宅地……約　　　平方メートル 　建物……約　　　平方メートル 負　債………………約　　　　2,000　万円

（注）太枠の中だけ記入してください。※の部分は、当てはまる番号を○で囲み、申述の実情欄の4、放棄の理由欄の6を選んだ場合には、（　　　）内に具体的に記入してください。

第5章
相続登記の手続き

1 相続登記について知っておこう

不動産を相続した場合に登記申請を行う

■ どんな場合に必要になるのか

　不動産の所有者が死亡した場合、その不動産の所有者が不在となるため、相続登記という相続人に対する名義変更の手続きが必要です。具体的には、死亡者（被相続人）から不動産の相続人に対し、相続を原因とする所有権移転登記を行います。

　登記申請書には、相続人の住所・氏名（共有の場合は各人の持分）と相続年月日を記載します。

　不動産の相続については、まず法定相続分で登記することが考えられます。たとえば、遺言がなく相続人が複数いる場合は、各不動産を法定相続分に応じて相続人が共有する状態になるので、その旨を登記することがあります。また、特定の相続人が特定の不動産を相続するという遺言や遺産分割の内容に従い、登記することもあります。

　相続人が１人しかいない場合は、遺産分割協議の問題が発生せず、その相続人名義に登記をすればよいのですが、相続人が１人しかいないケースはまれで、相続人が複数いるのが普通です。その場合、一般的には、法定相続分で登記するよりも、遺言や遺産分割に基づき、特定の相続人が単独で特定の不動産の所有権を取得するか、法定相続分とは異なる割合で特定の不動産を相続することの方が多いでしょう。

　遺産分割協議の成立後に相続登記を申請する場合、まず法定相続分に従って相続登記を行い、その後、相続人間の遺産分割協議の結果に沿った登記をするのが本来の順序です。しかし、これは二度手間ですから、遺産分割協議の結果に従い、相続を原因とする所有権移転登記を直接申請する方法が認められており、通常はこの方法をとります。

■■ こんな紛争が起こる可能性がある

　遺産分割協議が成立したものの、相続登記をせずに放置した場合のトラブルの例を挙げておきましょう。

　たとえば、Aが死亡し、その相続人は2人の子BとCだけで、彼らがAの土地を相続したとします（法定相続分は2分の1ずつ）。BC間で遺産分割協議が成立し、土地をBが単独で相続することになりました。しかし、Bの登記がなされる前に、Cが土地の相続登記をして、自己の法定相続分（持分）を第三者Dに売却してしまいました。

　この場合、Cの持分（2分の1）について、Bは、Dが背信的悪意者（登記のないことを主張するのが信義則に反するような悪質な者のこと）でない限り、Dに対して土地全部の所有権を主張できなくなります。つまり、Bは、遺産分割協議によって土地全部の所有権を取得したはずでしたが、もはや土地について2分の1の持分しか取得できません。そして、残りの2分の1の持分を取得したDと、その土地の所有権を共有することになってしまいます。

■ 相続登記をめぐるトラブル

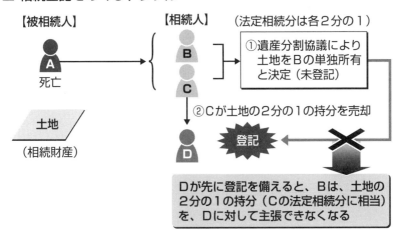

2 相続登記申請時にはどんな書類を提出するのか

登記申請時には登録免許税を納付する

■■ 申請にはどんな書類が必要か

相続登記を申請するには、以下の書類が必要になります。

① 登記申請書

「相続」という登記原因、相続発生の年月日、相続人の住所・氏名といった登記事項などを記載します。

② 登記原因証明情報

相続を登記原因とする所有権移転登記を申請するには、登記原因証明情報として、被相続人の出生から死亡までの連続した戸籍（除籍、改製原戸籍）謄本と、相続人の戸籍謄本の他、遺産分割協議書や遺言書などが必要です。遺産分割協議書には、原則として相続人全員の印鑑証明書を添付します。自筆証書遺言を添付する場合は、家庭裁判所が発行する検認済証明書も併せて提出することが必要です。

2018年の相続法改正では、法務局で自筆証書遺言を保管する制度が創設され、法務局で保管された自筆証書遺言については家庭裁判所の検認手続きは不要となります。

③ 住所証明書

相続人の実在性を証明するために、市区町村の発行した住民票の写しを登記申請書に添付します。印鑑証明書でもかまいません。

④ 代理権限証書

相続人に代わって司法書士などの代理人が登記申請を行う場合には、代理権を証する書面として委任状を添付します。委任状には、代理人の住所・氏名を記入し、相続による所有権移転登記を委任する旨、不動産の表示などを記入します。作成の年月日も忘れないように記入し

ましょう。最後に委任者の住所・氏名を記入し、押印します。

⑤　**固定資産評価証明書**

　登記申請書には、登録免許税の額と課税価格（登録免許税を算出する課税対象となる不動産の価額）の1000円未満を切り捨てた額を記載します。登記申請書に記載する課税価格は、地方税法による固定資産課税台帳に登録された不動産の価額をもとに計算しますので、市区町村の発行する申請する年度分の評価証明書を登記申請書に添付しなければなりません（添付する必要がない法務局もあります）。

　登記申請時には登録免許税を納めます。登録免許税を納付しない登記の申請は却下されます。現金で納付し、領収証書を登記申請書に貼り付けて申請するのが原則ですが、印紙納付も認められており、こちらが一般的です。

　現金納付の方法による場合には、郵便局など指定の納付場所で納付し、その領収証を登記申請書に貼り付けて法務局に提出します。印紙納付の場合には、登録免許税に相当する金額の収入印紙を登記申請書に貼り付けて法務局に提出します。申請書に貼り付ける余白のない場合は、別の白紙（台紙）に貼り付けて、申請書にとじ込み、申請書と台紙との綴り目に申請人が契印してください。

■ 登録免許税の例

3 相続登記の登記原因証明情報について知っておこう

相続が発生したことを証明するもの

■ 登記原因証明情報とは

「相続」という登記原因が発生した事実を証明するためには、登記原因証明情報として、被相続人が死亡した旨の記載のある戸籍謄本が必要です。しかし、これだけでは不十分で、以下の書面が必要です。

・戸籍謄（抄）本と除籍謄本など

被相続人については、死亡した旨の記載のある戸籍謄本の他、死亡時から遡って出生時または12～13歳頃までの記載がある戸籍謄本、除籍謄本、改製原戸籍謄本が必要です。これによって、被相続人の生涯にわたって、養子を含めた子がいるか、認知した子はいるか、などといった情報を確認することができます。そして、最終的に相続人となる者が誰であるのかを確定することができます。

また、相続人全員が実在していることを証明するために、相続人全員の戸籍謄本を添付することも必要です。なぜなら、被相続人が死亡する前に、相続人になると思われていた者（推定相続人）が死亡していると、代襲相続が発生する場合や、相続順位の低い者が相続人となる場合があるからです。被相続人の死亡日以降も相続人が存命している点を、ここで確定しておくことが重要です。

・被相続人の住民票の除票（または戸籍の附票）の写し

相続による所有権移転登記は、不動産の所有者について相続という登記原因が発生した場合に行うことができます。そこで、登記記録上の所有者と被相続人が同一人物であるのを証明するため、被相続人の住民票の除票の写しや戸籍の附票などを提供しなければなりません。登記記録上の所有者の住所・氏名と被相続人の住所・氏名が同一であ

ることをこれらの書類で証明するわけです。その際、住民票の除票に記載された者が戸籍謄本に記載された者と同一人物であることを証明するため、住民票の除票の写しには本籍の記載も必要です。

　一方、住民票の除票の写しや戸籍の附票の写しに記載された被相続人の最後の住所と登記簿上の住所が異なる場合は、登記簿上の住所から最後の住所までの連続性を証する書面の提供が必要です。被相続人と登記簿上の所有者が同一人物であることを証明するためです。

　住民票の除票は被相続人が亡くなってから5年、戸籍の附票は除票となってから5年が経過すると保存期間が切れるため、これらを取得できないこともあります。その場合は、これらの廃棄済証明書および上申書（相続人全員の署名または記名と実印による押印があるもの）などの書類で、被相続人と登記簿上の所有者との同一性を証明することになります。

・代襲相続が発生している場合

　代襲相続とは、配偶者や直系尊属を除く相続人が、被相続人よりも先に亡くなっている、あるいは相続欠格に該当している、または相続廃除をされている場合に、本来の相続人（被代襲者）の代わりに、その子など（代襲相続人）が代わりに相続することをいいます。つまり、相続人が子と兄弟姉妹の場合に代襲相続が認められます。たとえば、被相続人の子が先に亡くなっていた場合、その子に子（被相続人から見れば孫）がいれば、被相続人の孫が子の代襲相続人となります。この場合、代襲相続が発生したことを証明するため、被代襲者の出生から死亡までの戸籍（除籍、改製原戸籍）謄本と、代襲相続人全員の現在の戸籍謄本が登記原因証明情報のひとつとして必要となります。

・遺産分割協議書

　遺産分割協議の内容に従って相続登記をする場合は、協議内容を証明するために遺産分割協議書を登記原因証明情報の一部として提供しなければなりません。遺産分割協議書には原則として相続人全員の印

鑑証明書を添付します。遺産分割が家庭裁判所の審判か調停によって行われたときは、その審判書か調停調書の正本を添付します。

　未成年者と同時にその法定代理人（未成年者の親など）も相続人となるときは、家庭裁判所で特別代理人を選任してもらう必要があります。この場合、未成年者本人に代わり特別代理人が署名押印するため、特別代理人の印鑑証明書および家庭裁判所の特別代理人選任審判書の正本を申請書に添付する必要があります。

・相続分皆無証明書（特別受益証明書）

　被相続人から特別受益（73ページ）にあたる贈与や遺贈を受けた相続人（特別受益者）は、とくに贈与や遺贈をされた財産の価値が、その人の相続分の価値と同じか、または相続分を超えていると、相続分を受けることができません。この場合、相続分皆無証明書（特別受益証明書）を登記原因証明情報の一部として提供します。証明書には、証明者が署名（記名）押印します。この場合の押印は実印である必要があり、印鑑証明書も必要です。

　なお、遺産分割協議の中で特別受益者が何も相続しないことを定めた場合は、遺産分割協議書によって特別受益者の相続分がないことを証明できますので、相続分皆無証明書の作成は不要となります。

・相続放棄申述受理証明書

　相続人の中に相続を放棄した者がいる場合、その者は最初から相続人ではなかったことになります。したがって、相続人の全員が誰であるかを証明する書類の一部として、家庭裁判所から交付された「相続放棄申述受理証明書」を提供します。相続放棄申述受理証明書の代わりに「相続放棄等の申述有無についての照会に対する家庭裁判所からの回答書」を添付しても問題ありません。

・遺言書

　相続分の指定、遺産分割方法の指定、相続人の廃除は遺言で行うことができます。遺言書に基づいて相続を原因とする所有権移転登記を

申請する場合は、遺言書も登記原因証明情報の一部となります。ただし、公正証書遺言以外の遺言書は、家庭裁判所で検認を受ける必要があります（相続法改正後は自筆証書遺言が検認不要となる場合あり。187ページ）ので、家庭裁判所が発行する検認済証明書を添付します。

・相続関係説明図

　戸籍謄本や除籍謄本などの原本還付を請求する場合、相続関係説明図を作成して、これを登記申請書に添付すれば、コピーを添付する必要はなく、登記完了後に原本が返却されます。ただし、相続関係説明図で原本還付を受けられるのは戸籍謄本や除籍謄本などに限られ、遺産分割協議書、遺言書、住所証明書の原本還付を受けるには、コピーを添付する必要があります。

　相続関係説明図の書き方はとくに法定されているわけではなく、用紙のサイズにも制限はありません。一般的には、まず、被相続人の最後の本籍、最後の住所、登記簿上の住所を記載します。次に、被相続人と相続人の関係を家系図の要領で作成します。それから、家系図に、被相続人の死亡年月日、相続人それぞれの関係性（妻、長男など）、相続の内容（法定相続か遺産分割か、相続人に放棄者や特別受益者がいるかなど）などを盛り込みます。

■ 相続による所有権移転登記の添付書面

・被相続人の出生から死亡までの連続した戸籍（除籍、改製原戸籍）謄本
・被相続人の住民票の除票（本籍地および死亡の記載があるもの）
・相続人の戸籍謄本（現在戸籍）

上記に加えて、下記書類の添付が必要です。

遺産分割協議による場合　　遺産分割協議書 ＋ 相続人全員の印鑑証明書

遺言による場合　　公正証書遺言
　　　　　　　　　自筆証書遺言 ＋ 検認済証明書

相続人の中に相続放棄をした者がいる場合　　相続放棄申述受理証明書

4 相続に関する登記申請書類はどのように作成するのか

登記申請書には被相続人の氏名の記載が必要である

■ 相続による所有権移転登記に関する注意点

　相続登記における登記原因証明情報では、①被相続人の死亡の事実、②死亡年月日、③相続人となる者の証明が必要です。このため、被相続人の出生から死亡までの連続した戸籍（除籍、改製原戸籍）謄本の提出が要求されます。また、相続人となる者が現に存在することを証明するため、相続人の戸籍謄本（抄本でも可）の添付も必要です。

　この他、登記原因証明情報としては、登記簿上の住所と戸籍に記載されている本籍とのつながりを証明するため、被相続人の住民票の除票の写しが必要です。また、遺言書があれば遺言書の添付も要しますが、公正証書遺言以外の場合は家庭裁判所の検認が必要で、検認を経ていない遺言書を提出した場合は、申請が却下されます（相続法改正後は法務局で保管されている自筆証書遺言は検認手続きが不要となります、187ページ）。また、遺産分割協議が成立している場合は、相続人全員が署名押印した遺産分割協議書に印鑑証明書を添付して申請します。そして、相続人の中に相続放棄をした者がいる場合は、家庭裁判所が発行した相続放棄申述受理証明書の添付が必要です。

　なお、相続関係説明図を提出した場合は、原本還付の際に、被相続人の戸籍（除籍、改製原戸籍）謄本および相続人の戸籍謄本（抄本）のコピーの提出を省略することができます（前ページ）。

　これら登記原因証明情報の他、添付書類として、住所証明書、代理権限証書、固定資産評価証明書が必要です（224ページ）。また、登録免許税として課税価格の1000分の4を納付します。

■ 登記の目的、登記原因の記載の仕方

登記の目的は「所有権移転」です。登記原因は「平成〇年〇月〇日相続」とし、日付は戸籍に記載された死亡日を記載します。

相続登記の場合は、相続人による単独申請が認められています。相続人が複数いる場合は、相続の方法により申請人となる者が異なることから、以下具体的に説明します。たとえば、被相続人がA、相続人が子B・Cの場合に、①法定相続分で登記をするときは、相続人のうち1人が単独で登記申請ができます。この場合（ここではBの単独申請）の申請書の記載は、下記のようになります。

```
相続人（被相続人A）
東京都目黒区××一丁目2番3号
（申請人）持分2分の1 B
東京都目黒区××二丁目1番2号
持分2分の1 C
```

一方、②遺産分割協議または遺言書によりBが単独で取得した場合は、Bが単独で登記申請し、申請書に「相続人（被相続人A）住所 B」と記載します。

■ 登記申請に必要なもの

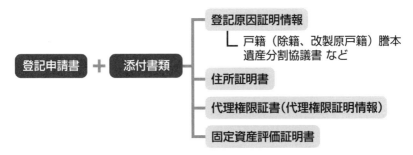

書式　相続した場合の登記申請書

登　記　申　請　書

登記の目的　所有権移転
原　　因　　平成〇〇年〇月〇日相続
相　続　人　（被相続人　鈴　木　隆　志）
　　　　　　東京都〇〇区〇〇町〇丁目〇〇番地
　　　　　　　　　鈴　木　広　志　㊞
　　　　　　連絡先の電話番号　００-００００-００００

添付書類
　　登記原因証明情報　住所証明書
□ 登記識別情報の通知を希望しません。

平成〇〇年〇月〇日申請　〇〇法務局　〇〇支局
課税価格　金〇〇〇〇万円
登録免許税　金〇〇万円
不動産の表示
　　所　　在　　〇〇市〇〇町〇丁目
　　地　　番　　〇〇番〇
　　地　　目　　宅地
　　地　　積　　〇〇.〇〇㎡
　　　　　　　　　　価格　金〇〇〇〇万円

　　所　　在　　〇〇市〇〇町〇丁目〇番地
　　家屋番号　　〇〇番〇
　　種　　類　　居宅
　　構　　造　　木造瓦葺2階建
　　床面積　　　1階　〇〇.〇〇㎡
　　　　　　　　2階　〇〇.〇〇㎡
　　　　　　　　　　価格　金〇〇〇〇万円

書式　遺産分割協議書

遺産分割協議書

　本　　　籍　東京都○○区○○町○丁目○○番地
　最後の住所　東京都○○区○○町○丁目○○番○○号
　被相続人　鈴木隆志（平成○○年○○月○○日死亡）

　上記の者の相続人全員は、被相続人の遺産について協議を行った結果、次のとおり分割することに合意した。
１．相続人鈴木広志は次の財産を取得する。
　　【土地】
　　　所　　　在　東京都○○区○○町○○丁目
　　　地　　　番　○○番○
　　　地　　　目　宅地
　　　地　　　積　○○○.○○㎡
　　【建物】
　　　所　　　在　東京都○○区○○町○○丁目
　　　家屋番号　○○番○
　　　種　　　類　居宅
　　　構　　　造　木造瓦葺２階建
　　　床　面　積　１階　○○.○○㎡
　　　　　　　　　２階　○○.○○㎡
　　【預貯金】
　　　○○銀行○○支店　普通預金　口座番号○○○○
２．本協議書に記載のない遺産及び後日判明した遺産については、
　相続人鈴木広志が取得する。

　以上のとおり、遺産分割協議が成立したので、本協議書を２通作成し、署名押印の上、各自１通ずつ所持する。

平成○○年○○月○○日
　住　　　所　東京都○○区○○町○丁目○○番○○号
　　　　　　　相続人　鈴木広志　㊞
　住　　　所　東京都○○区○○町○丁目○○番○○号
　　　　　　　相続人　鈴木恭子　㊞

書式　相続関係説明図

被相続人　鈴木隆志　相続関係説明図

　最後の本籍　　　東京都〇〇区〇〇町〇丁目〇〇番地
　最後の住所　　　東京都〇〇区〇〇町〇丁目〇〇番〇〇号
　登記簿上の住所　東京都〇〇区〇〇町〇丁目〇〇番〇〇号

```
                                ┌── （相続人）
                                │    長男　鈴木広志
                                │       昭和〇〇年〇月〇日生
           平成〇〇年〇月〇日死亡 │       住所　東京都〇〇区〇〇町
（被相続人）鈴木隆志 ────────────┤              〇丁目〇番〇号
                                │
     妻　鈴木順子                │
        昭和〇〇年〇月〇日生     │
        昭和〇〇年〇月〇日死亡   └── （遺産分割協議者）
                                     長女　鈴木恭子
                                        昭和〇〇年〇月〇日生
                                        住所　東京都〇〇区〇〇町
                                              〇丁目〇番〇号
```

　　　　　　　　　　　　　　　　相続を証する書面は還付した　㊞

書式　相続分皆無証明書

証明書

私は、生計の資本として被相続人から、すでに財産の贈与を受けており、被相続人の死亡による相続については、相続する相続分の存しないことを証明します。

　平成〇〇年〇月〇日
　　（本籍）東京都〇〇区〇〇町〇丁目〇番地
　　　　　　被相続人　鈴木隆志
　　（住所）東京都〇〇区〇〇町〇丁目〇〇番〇号
　　　　　　右相続人　鈴木恭子　　㊞

5 申請書類の綴じ方や補正について知っておこう

不備があっても後から訂正できる

■ 申請書類を整理しておく

　申請書や添付書類の大きさ、綴じ方は法律で決められているわけではありませんが、現在ではＡ４横書きで作成し、左側を綴じるのが一般的です。申請書を作成し、添付書類がそろったら、再度書き残しや間違いがないかを確認し、図（次ページ）のような順序で綴じます。さらにグループ別に分けた書類を大型のクリップでとめて提出します。

① 　Ａグループ（法務局へ提出用の書類）

　提出用に必要な書類は、登記申請書、登録免許税納付用台紙、相続関係説明図、原本還付を受ける書類（原本）のコピー（遺産分割協議書、印鑑証明書、住民票（除票を含む）の写し、固定資産評価証明書などのコピー）、委任状などです。これらの書類を重ねて、左側をホチキスやこよりなどで綴じます。

② 　Ｂグループ（申請人に返還されるもの）

　原本還付を受ける書類です。Ａグループで相続関係説明図を添付すれば、戸籍謄本などはコピーなしで原本還付されます（229ページ）。

■ 補正が必要になる

　登記申請書に何の不備もなければ、記入係に回されて、登記記録に記録されます。申請書に不備が見つかった場合でも、不備を補正できるのであれば、登記官は申請を却下せずに、申請人に対して補正を指示します。なお、補正しない場合、申請は却下されることになりますが、実務では、不備を説明した上で、申請人に取下げを促している場合も多いようです。

書面申請の場合、登記申請書に申請人の電話番号などの連絡先を記載することになっています。申請書、添付書類などに不備があり、そのままでは登記の実行ができない場合、いつまでに補正を行うように法務局から電話がかかってきます。そこで、補正の要請があった場合には、補正期限内に法務局に行き、補正をすることになります。登記官には、補正の必要がある場合に必ず申請人に連絡をしなければならない義務があるわけではありませんが、通常、そのままでは登記できない不備がある場合には、連絡があるといえるでしょう。

　なお、不動産登記の場合は、郵送で書面申請を行ったとしても、郵送で補正をすることができず、申請先の法務局に行って補正する必要がある点に注意を要します。オンライン申請の場合は、補正もオンラインで行うことになります（法務局での補正は不可）。

■ **申請書の綴じ方**

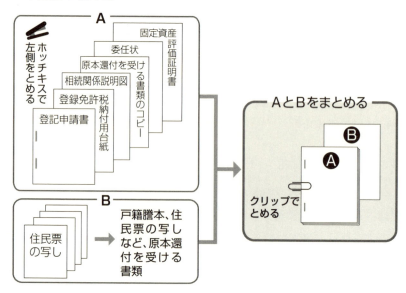

6 法定相続情報証明制度について知っておこう

相続手続きに必要な書類の提出・還付の繰り返しが避けられる

■ どんな制度なのか

　法定相続情報証明制度は、相続に必要なさまざまな書類について、関係役所等に行くたびに、提出・還付の手続きを繰り返さなければならない点を改善するための制度です。相続人等が登記所に法定相続情報一覧図を提出することで、認証文が付けられた法定相続情報一覧図の写しの交付を受けることができます。

　では、なぜ法定相続情報証明制度が必要になったのでしょうか。たとえば、不動産を所有していた被相続人が死亡した場合に、この不動産を相続する相続人は、相続を原因とする所有権移転登記の申請を行う必要があります。しかし、申請を行うためには、被相続人の除籍謄本や住民票の除票の写し、そして被相続人が出生してから死亡するまでの戸籍関係の書類を準備しなければなりません。また、相続人が正当な相続人であることを証明するために、相続人自身の戸籍謄本などを準備しなければなりません。この他にも、相続関係説明図など、必要な書類は膨大にのぼります。

　しかも不動産だけでなく、遺産として預貯金や証券口座がある場合には、銀行や証券会社にも、同様に戸籍関係書類などを提出する必要があります。このとき、相続人は先に所有権移転登記の申請手続きを行っていれば、登記所（法務局）から必要な書類の原本を還付してもらい、改めて銀行などに提出しなければなりません。

　以上のように、膨大な書類を行き来させなければならないかつての法定相続制度は、煩わしさが大きく、相続を原因とする所有権移転登記手続きを避け、放置されたままの不動産が増加していると指摘され

ていました。

そこで、法定相続情報証明制度では、あらかじめ法定相続情報一覧図の認証を受けていれば、原則として法定相続一覧図の写し1枚を提出することで、各種手続きを行うことが可能になりました。

■■ どんな手続きをするのか

法定相続情報証明制度の利用を希望する相続人（または一定の代理人）は、登記所に対して、相続人の出生から死亡までの戸籍関係の書類と戸籍謄本などに基づいて作成した法定相続情報一覧図を提出します。その後、登記官が確認の上、認証文付きの法定相続情報一覧図の写しの交付を受けることができます。法定相続情報一覧図には、被相続人の氏名・最後の住所・死亡年月日等、相続人の氏名・住所・被相続人との関係性などが記載されます。

相続人は、各種相続手続きを行う上で、各種機関に、この法定相続情報一覧図の写しを提出すればよく、大量の書類を機関との間で行き来させる必要がなくなります。なお、法定相続情報一覧図の写しの交付は、法定相続情報一覧図の保管期間（申出日の翌年から5年間）内であれば、再交付を受けることも可能になります。

■■ 法定相続情報一覧図作成の仕方

法定相続情報証明制度がスタートした2017年の段階では、戸籍関係

■ 法定相続証明制度を利用するために準備する必要がある書類

● 登記所に提出しなければならない書類

1 被相続人の戸籍・除籍謄本	⇒ 出生時から死亡時までの連続した戸籍（除籍、改製原戸籍）謄本
2 被相続人の住民票の除票の写し	
3 相続人全員の戸籍謄本（抄本）	
4 申出人の住所・氏名確認のための書類	⇒ 運転免許証のコピーなど

書類の代わりに法定相続情報一覧図が利用できる各種機関は限定されていましたが、現時点では、ほとんどの金融機関で利用でき、かつ家庭裁判所の遺産分割調停や相続放棄の手続きでも利用することができるようになりました。

　法定相続情報一覧図は、相続関係説明図（229ページ）と同じような図になりますが、法定相続情報一覧図は相続開始時の相続人を証明するためのものなので、相続関係説明図とは相違点もあります。たとえば、被相続人A、相続人として妻B、長男C、Aよりも先に死亡した次男Dの子EとFが代襲相続する場合の法定相続情報一覧図における相続人の記載は、下図のようになります。注意点は、被代襲者の表示です。相続関係説明図では被代襲者も他の相続人と同様、氏名を記載しますが、法定相続情報一覧図では被代襲者（死亡年月日）を記載するだけで、氏名の記載は不要です。また、相続人の住所の記載は任意とされており、住所を記載する場合は住民票の写しの添付が必要です。なお、法定相続情報一覧図の作成を登記所へ申し出る相続人の氏名の横に（申出人）と記載します。

■ **法定相続情報一覧図（相続人の記載の仕方）**

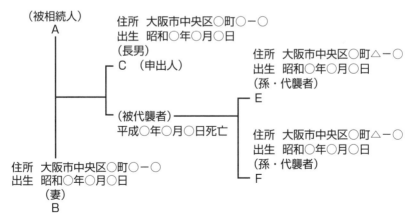

Column

所有者がわからない土地などの登記義務

　土地の所有者である被相続人が亡くなると、被相続人から相続人へ所有権の名義を変える必要があります。これを一般に「相続登記」といいますが、近年では、相続登記をせずに被相続人名義のまま放置されているケースが増えています。

　現行法上、相続登記には「いつまでにしなければならない」という期限は設けられてはいませんが、適切に相続登記が行われなければ、その土地の活用を望む企業などの大変な負担になります。なぜなら、土地の利用を希望する場合、登記を基に権利者と交渉などの手続に進むことになるため、その登記の名義人が死亡した人のままになっている場合には、登記の記載から、その土地の相続人を探すことは多大な手間がかかるからです。このように所有者不明の土地の増加は、大きな経済的損失をもたらすだけでなく、災害復興目的の公共事業に支障をきたすなど、深刻な社会問題を引き起こしています。また登記が放置されている土地の中には犯罪や倒壊の危険のある空家を抱える土地も少なくはありません。

　そこで、所有者不明の土地や空家問題の抜本的な解決策のひとつとして相続登記の義務化が検討されています。具体的には、所有者の氏名や住所が正確に登記されていない土地については、登記官に所有者を特定する調査権限を付与したり、登記と戸籍を連携させ、相続時に登記簿上の所有者を変更できるシステム作りなどが検討されています。ただ、相続登記が義務化されれば、管理できない土地や、登記手続きに要するコストを下回る価値の低い土地などを、一方的に相続させることになり、相続人の方に大きな負担を強いる危険性もあります。そこで、相続登記の義務化だけでなく、土地の所有権そのものを放棄できる制度の創設もあわせて検討されています。早ければ2020年までに不動産登記法などの関連法の改正が行われる予定です。

第6章
贈与のしくみと手続き

1 贈与契約にはどんな種類があるのか

書面で行った贈与は取り消せない

■ 贈与とはプレゼントのこと

　贈与とは、簡単に言ってしまえばプレゼントの事です。贈与については、民法で「贈与は、当事者の一方が自己の財産を無償で相手方に与える意思を表示し、相手方が受諾をすることによって、その効力を生ずる」と規定されています。つまり、「自分の持っているモノをプレゼントするよ」といい、相手が、「ではいただきます」といえば贈与契約は成立するわけです。ただし、民法では、口約束のような書面によらない贈与は、履行がなされた部分については、各当事者によって解除（撤回）することができるとされています。これは、軽はずみな贈与を防ぐためのものです。ですから、酒の席で成立した100万円の贈与契約も、酔いがさめてから「あれはなかったことにしてくれ」と言われれば、それで契約関係が解消されることになります。ただ、書面によらない贈与でも、所有権移転の登記や目的物の引渡しなど、履行がなされた部分については解除ができません。

　一方、書面による贈与については、書面（契約書）にした以上は贈与者の意思も明確なわけですから、一方的に解除を認めるのは、相手方の期待を裏切ることになるため、書面によらない贈与のような未履行部分の解除制度は認められていません。契約書を作成することは、それぞれの当事者の意思を明確にし、後日起こりがちな「言った」「言わない」のトラブルを防止する効果があります。

　一般的に、他人同士の贈与よりも、親族間での贈与が多い傾向があります。たとえば、婚姻期間が20年を過ぎた夫婦が、夫婦間で居住用不動産（または居住用不動産を取得するための金銭）を贈与した場合、

2000万円まで贈与税が非課税とされることから、この制度を利用して夫が妻に居住用不動産を贈与する例がときに見られます。また、個人事業主が自分の会社に対して所有する不動産を贈与する場合も見受けられます。

■ 特殊な贈与の形態がある

民法は、特殊な形態の贈与についても規定しています。

まず、「大学卒業までの学費を毎月仕送りする」というように、定期の給付を目的とする贈与のことを**定期贈与**といいます。定期贈与は、当事者のどちらかが死亡すると効力を失います。

次に、「家を贈与する代わりに、庭の手入れをしてもらう」というように、受贈者（もらう側）に対価性のない一定の負担をさせる贈与のことを**負担付贈与**（553条）といいます。贈与は双務契約（契約当事者がお互いに対価的意義をもつ債務を負担する契約）ではありませんが、負担付贈与については、負担の限度において実質的な対価関係に立っていると考えられます。そのため、負担付贈与には、その性質

■ 負担付贈与

※書面によらない負担付贈与契約の場合、受贈者が負担について履行を完了したときは、原則として契約を解除することはできません。
　なお、受贈者がその負担する義務の履行を怠ったときは、贈与者は債務不履行に基づき贈与契約を解除することができます。

第6章 ◆ 贈与のしくみと手続き

に反しない限り、双務契約の規定が準用されます。

■ 遺贈と死因贈与

　贈与と区別すべき用語として遺贈があります。**遺贈**とは、遺言による財産の贈与のことで、財産を与える相手方の同意を得ないで行うことができます。これに対して、「私が死んだら300万円を贈与する」というように、贈与する人の死亡という条件がついた贈与のことを**死因贈与**といいます。死因贈与も贈与の一類型で、贈与者の死亡によって有効になる契約ですから、相手方との合意が必要です。

　不動産を死因贈与や遺贈によって取得した場合、相手方は、死因贈与や遺贈についての登記をしなければ、第三者に自分の権利を主張することができません。この点では死因贈与と遺贈が共通しています。

■ 生前贈与と連年贈与

　自分の生きているうち（生前）に、配偶者や子どもなどに財産を贈与することを生前贈与といいます。とくに、死因贈与と比較するときに使用される用語です。

　相続を考えるような事態に至ったときに、生前贈与は、相続税対策として利用されることがあります。贈与税には、年間1人あたり110万円の基礎控除があり、年間1人あたり110万円までは贈与税がかかりません。そのため、たとえば110万円ずつ10年間にわたって贈与すれば、無税で1人あたり1100万円までの贈与が可能になります。

　なお、毎年贈与を繰り返すことを**連年贈与**といいます。年間110万円までは非課税となりますが、毎年同じ日に同じ額の贈与を繰り返している等の場合（たとえば110万円を10年間にわたって贈与しているなど）には、有期定期金に関する権利（10年間にわたり毎年110万円ずつの給付を受ける権利）の贈与を受けたものとみなされ、贈与税が課税される可能性があるので注意が必要です。

2 生前贈与の登記手続きについて知っておこう

不動産については登記記録の記載を事前に確認しておく必要がある

■■ 贈与の登記申請に関する注意点

　登記を申請する際には、贈与契約書など、贈与の事実を証明する書面（登記原因証明情報）を添付します。この書面には、①贈与をした者（贈与者）と贈与を受けた者（受贈者）の氏名・住所、②贈与の事実、③その日付、④贈与の対象となる不動産の表示（登記済証または登記識別情報に記載されている不動産の表示）の記載が必要になります。

　贈与者の氏名・住所は当該不動産の登記簿上に記載されている所有者の住所・氏名と一致している必要があり、かつ印鑑証明書および委任状の記載と一致していることが必要です。一方、受贈者の氏名・住所は住民票の写しの記載と一致している必要があります。

　贈与の事実の記載については、たとえば「第1条 別紙目録記載の不動産につき、平成○年○月○日贈与者○○は受贈者△△に対し贈与することを約し、△△はこれを受諾した。第2条 ○○は、平成○年○月△日までに、当該不動産の引渡しおよび所有権移転登記を申請するものとする」などと記載し、「いつ・誰から誰に・何を」贈与するのかを明確にする必要があります。

■■ 登記の目的や登記原因の記載の仕方

　登記の目的は「所有権移転」であり、登記原因は「平成○年○月○日贈与」と記載します。日付は所有権移転日です。

　登記権利者は受贈者であり、登記義務者は贈与者です。死因贈与の場合の義務者は、贈与契約書に執行者の定めがある場合は、その執行者が、定めがない場合は贈与者の相続人全員がなります。

登録免許税は、原則として、課税価格（固定資産評価証明書に記載された価格、1000円未満切捨て）の1000分の20です。

■■ 不動産贈与の場合の登記申請

登記を申請する前に贈与される不動産について登記記録にどのように記録されているかを確認しておきます。登記記録を調べる前提として、土地であれば所在と地番を、建物であれば所在と家屋番号を確認しましょう。地番や家屋番号については登記識別情報や登記済証、固定資産評価証明書、固定資産税の納付書を参照すればわかります。

次に、不動産を管轄する法務局に行って登記事項証明書の交付申請をします。登記事項証明書を見て、土地であれば所在・地番・地目・地積（面積）が登記識別情報の内容と一致しているか、建物であれば所在・家屋番号・種類・構造・床面積について確認してみてください。

引越しなどによって所有権の登記名義人の住所が変わっているときは、登記名義人住所変更登記を申請する必要があります。登記記録上の登記義務者の住所と印鑑証明書などの添付書類に記載されている住所とが一致していなければならないからです。

贈与による所有権移転登記の添付書類は次のとおりです。

・登記原因証明情報

贈与契約書または報告形式の登記原因証明情報です。

・登記識別情報または登記済証・印鑑証明書

贈与者の登記識別情報または登記済証と印鑑証明書を添付します。印鑑証明書は発行後3か月以内のものを使用してください。

・住所証明書

受贈者の住民票の写しを添付します。戸籍の附票や印鑑証明書を住所証明書とすることもできます。

・固定資産評価証明書

課税価格の計算の基準を証明するために添付します。

3 遺贈の登記手続きについて知っておこう

遺言執行者の有無により記載の仕方が変わってくる

■■ 贈与に関する登記申請書類の作成の際の注意点

　遺贈の登記は、受遺者を権利者とし、遺贈者である登記名義人を義務者として申請することになります。ただし、遺贈者はすでに死亡していることから、遺言執行者がいる場合には、その遺言執行者が、遺言執行者がいない場合には、遺贈者の相続人の全員が、それぞれ義務者として登記手続きを行うことになります。

　この際、登記申請書の義務者の欄には、遺言執行者がいる場合は「亡甲野次郎」と遺贈者の氏名・住所を記載し、遺言執行者がいない場合は「亡甲野次郎相続人 甲野花子」と相続人の氏名・住所を記載します。遺言執行者が司法書士等の代理人に登記申請を依頼する場合には、遺言執行者を委任者とする委任状を作成し、実印を押印した上で遺言執行者の印鑑証明書を添付します。代理人が登記申請をする場合、登記申請書には遺言執行者の氏名は明記されません。

　登記原因証明情報としては、遺言書（公正証書遺言を除き検認を要するのが原則）と遺贈者の死亡を証する情報（死亡の記載のある戸籍謄本など）を提供しなければなりません。もっとも、相続とは異なり遺贈者の戸籍謄本は出生まで遡る必要はありません。

　遺言により遺言執行者が指定されている場合は遺言書と遺言者の死亡の記載のある戸籍謄本が、家庭裁判所が遺言執行者を指定した場合は遺言書と家庭裁判所の選任審判書が、それぞれ代理権限証明情報になります。遺言執行者がない場合は、相続証明情報として、相続人であることを証する戸籍謄本を提出します。

　登録免許税は、課税価格（固定資産評価証明書に記載された価格。

1000円未満切捨て）の1000分の20です（100円未満切捨て）。

　なお、相続人が受遺者となる場合は、相続と同じく課税価格の1000分の４に減額されますが、この場合は受遺者が相続人であることを証する戸籍謄本などの書面を提出する必要があります。

■ その他気をつけること

　遺贈者である所有権の登記名義人の登記簿上の住所と死亡時の住所とが異なるときは、遺贈の登記に先立ち、所有権の登記名義人の住所の変更登記を申請しなければなりません。住所変更登記は、遺言執行者、または相続人（うち１人でも可）が行うことになりますが、受遺者が遺言者に代位して単独で登記申請を行うこともできます。

■ 遺贈のケースごとの登記義務者と代理権限証明情報

	登記義務者	代理権限証明情報
遺言書で遺言執行者が指定されている場合	遺贈者	・遺言書※ ・遺贈者の死亡の記載のある戸籍謄本
家庭裁判所で遺言執行者が指定されている場合	遺贈者	・遺言書※ ・家庭裁判所の選任審判書の正本
遺言執行者の指定がない場合	遺贈者の相続人	・遺言書※と死亡の記載のある戸籍謄本は登記原因証明情報となる ・相続証明情報として相続人であることを証する戸籍謄本を提出

※公正証書遺言以外の遺言書（自筆証書遺言など）の場合は、家庭裁判所の検認済証明書の添付が必要です。ただし、相続法改正後は、自筆証書遺言について検認不要となる場合があります。

書式 遺贈による所有権移転登記申請書（遺言執行者がいる場合）

登 記 申 請 書

登記の目的　　　　所有権移転
原　　因　　　　　平成○○年○月○日遺贈
権　利　者　　　　○○市○○町○丁目○番地
　　　　　　　　　　　　鈴 木 花 子
義　務　者　　　　○○市○○町○丁目○番地
　　　　　　　　　　　　亡 甲 野 次 郎
添付書類
　　登記識別情報又は登記済証　登記原因証明情報
　　印鑑証明書　住所証明書　代理権限証明情報
登記識別情報（登記済証）を提供することができない理由
　　□不通知　□失効　□失念　□管理支障　□取引円滑障害
　　□その他（　　　　）　□登記識別情報の通知を希望しません。
平成○○年○月○日申請　　○○法務局　　○○支局

　代理人　○○市○○町○番地
　　　　　司法書士　吉田太郎　㊞
　　　　　連絡先の電話番号03－○○○○－○○○○
課税価格　　金○○○○万円
登録免許税　金○○万円
不動産の表示
　所　　在　○○市○○町○丁目
　地　　番　○○番○
　地　　目　宅地
　地　　積　○○.○○㎡

書式　遺言書（遺言執行者を選任する場合）

遺　言　書

遺言者甲野次郎は、次のとおり遺言する。

第1条　遺言者は遺言者が所有する次の不動産を、内縁の妻鈴木花子（昭和○年○月○日生、○○市○○町○丁目○番地在住）に遺贈する。

土地
　所　　在　○○市○○町○丁目
　地　　番　○○番○
　地　　目　宅地
　地　　積　○○.○○㎡

第2条　遺言者は前条記載の財産を除く、遺言者の有するその他一切の財産は、長女甲野花子（昭和○○年○月○日生）に相続させる。

第3条　遺言者は、本遺言の実現のため遺言執行者として次の者を指定する。

　　　○○市○○町○番地
　　　　司法書士　吉田太郎
　　　　（昭和○年○月○日生）

平成○○年○月○日

　　　　　　　　　　　　　○○市○○町○丁目○番地
　　　　　　　　　　　　　　甲　野　次　郎　㊞

書式　遺贈による所有権移転登記申請書（遺言執行者がいない場合）

```
┌─────────────┐
│             │
│             │
│             │
└─────────────┘
```

登　記　申　請　書

登記の目的　　　　所有権移転
原　　因　　　　　平成〇〇年〇月〇日遺贈
権　利　者　　　　〇〇市〇〇町〇丁目〇番地
　　　　　　　　　　　　鈴　木　一　郎
義　務　者　　　　〇〇市〇〇町〇丁目〇番地
　　　　　　　　　亡甲野次郎相続人　甲野花子
　　　　　　　　　〇〇市〇〇町〇丁目〇番地
　　　　　　　　　亡甲野次郎相続人　甲野太郎
添付書類
　　登記識別情報又は登記済証　登記原因証明情報
　　印鑑証明書　住所証明書　代理権限証明情報　相続証明情報
登記識別情報（登記済証）を提供することができない理由
　　□不通知　□失効　□失念　□管理支障　□取引円滑障害
　　□その他（　　　　）　□登記識別情報の通知を希望しません。
平成〇〇年〇月〇日申請　〇〇法務局　〇〇支局
　代理人　〇〇市〇〇町〇番地
　　　　　司法書士　吉田太郎　㊞
　　　　　連絡先の電話番号03－〇〇〇〇－〇〇〇〇
課税価格　　金〇〇〇〇万円
登録免許税　金〇〇万円
不動産の表示
　　所　　在　〇〇市〇〇町〇丁目
　　地　　番　〇〇番〇
　　地　　目　宅地
　　地　　積　〇〇.〇〇㎡

書式　遺言書（遺言執行者の選任がない場合）

遺 言 書

遺言者甲野次郎は、次のとおり遺言する。

第1条　遺言者は遺言者が所有する次の不動産を、お世話になった友人鈴木一郎（昭和〇年〇月〇日生、〇〇市〇〇町〇丁目〇番地在住）に遺贈する。

【土地】
　　所　　　在　〇〇市〇〇町〇丁目
　　地　　　番　〇〇番〇
　　地　　　目　宅地
　　地　　　積　〇〇.〇〇㎡

第2条　遺言者は、遺言者が所有する次の不動産を、長男甲野太郎（昭和〇〇年〇月〇日生）に相続させる。

【土地】
　　所　　　在　〇〇市▲▲町〇丁目
　　地　　　番　〇〇番〇
　　地　　　目　宅地
　　地　　　積　〇〇.〇〇㎡

第3条　遺言者は前二条記載の財産を除く、遺言者の有するその他一切の財産は、長女甲野花子（昭和〇〇年〇月〇日生）に相続させる。

平成〇〇年〇月〇日

〇〇市〇〇町〇丁目〇番地
甲　野　次　郎　㊞

4 死因贈与の登記手続きについて知っておこう

登記原因はともに贈与となる

■■ 死因贈与の登記申請に関する注意点

　死因贈与の場合、登記申請時には贈与者はすでに死亡していることから後のトラブルを防止するため、登記原因証明情報となる死因贈与契約書には、執行者を定め、公正証書で作成しておくことが望ましいといえます。申請書に添付する印鑑証明書は、執行者の定めがある場合は執行者のものを、定めがない場合は贈与者の相続人全員のものが必要になります。また、相続人が登記義務者となる場合は、戸籍謄本など、相続があったことを証する書面を添付する必要があります。

　なお、執行者の定めがある場合、その者の権限を証する書面として、死因贈与契約書が公正証書で作成されている場合は公正証書、私署文書（署名や署名押印、記名押印のある契約書などの文書のこと）で作成されている場合は、当該文書に押印した贈与者の印鑑証明書または贈与者の相続人全員の承諾書と印鑑証明書の添付が必要になります。

■■ 登記の目的や登記原因の記載の仕方

　登記の目的は「所有権移転」であり、登記原因は「平成○年○月○日贈与」と記載します。日付は死因贈与の効力が生じた日（原則として死亡日）になります。登記権利者は受贈者であり、登記義務者は贈与者です。死因贈与の場合、贈与契約書に執行者の定めがある場合は執行者が、定めがない場合は贈与者の相続人全員が、それぞれ登記義務者となります。

　登録免許税は、原則として課税価格（固定資産評価証明書に記載された価格、1000円未満切捨て）の1000分の20です。

書式　死因贈与が行われた場合の登記申請書

登 記 申 請 書

登記の目的　　　　所有権移転
原　　因　　　　　平成○○年○月○日贈与
権　利　者　　　　○○市○○町○丁目○番地○
　　　　　　　　　（住民票コード○○○○○○○○○○○）
　　　　　　　　　佐　藤　一　郎
義　務　者　　　　○○市○○町○丁目○番地○
亡山田良子相続人　東京都○○市○○町○丁目○番地
　　　　　　　　　山　田　花　子
添付情報
　　登記識別情報又は登記済証　登記原因証明情報
　　代理権限証明情報　印鑑証明書　住所証明情報　相続証明情報
登記識別情報（登記済証）を提供することができない理由
　　□不通知　□失効　□失念　□管理支障　□取引円滑障害
　　□その他（　　　　）　□登記識別情報の通知を希望しません。

平成○○年○月○日申請　○○法務局○○支局（出張所）
　　　　　　　代理人　○○市○○町○番地
　　　　　　　　　　　司法書士　吉田太郎　㊞
　　　　　　　　　　　連絡先の電話番号03－○○○○－○○○○
課税価格　　　金○○○○円
登録免許税　　金○○○○円

不動産の表示
所　　在　　東京都○○市○○町一丁目
地　　番　　○○番○
地　　目　　宅地
地　　積　　○○.○○㎡

書式 死因贈与契約書

死因贈与契約書

　贈与者山田良子(以下「甲」という)と、受贈者佐藤一郎(以下、「乙」という)とは、死因贈与(以下「本贈与」という)に関し、以下のとおり、契約する。

第1条(目的) 甲は、甲の所有する以下記載の物件(以下「本物件」という)を乙に贈与することを約し、乙はこれを受諾した。
　土地
　　所　　在　東京都○○市○○町一丁目
　　地　　番　○○番○
　　地　　目　宅地
　　地　　積　○○.○○㎡

第2条(契約の効力) 本贈与は、甲の死亡により効力を生じ、本物件の所有権は甲から乙に移転するものとする。

第3条(乙の死亡) 万が一、甲が死亡するより先に乙が死亡したときには、本贈与は、その効力を生じないものとする。

　以上のとおり、契約が成立したことを証するために、本書2通を作成し、甲乙記名押印の上、各自1通を保有する。

平成○○年○月○日

　　　　　　　　　　　　　○○市○○町○丁目○番地○
　　　　　　　　　　　(甲)　　山田　良子　　㊞
　　　　　　　　　　　　　○○市○○町○丁目○番地○
　　　　　　　　　　　(乙)　　佐藤　一郎　　㊞

【監修者紹介】
松岡　慶子（まつおか　けいこ）
認定司法書士。大阪府出身。神戸大学発達科学部卒業。専攻は臨床心理学。音楽ライターとして産経新聞やミュージック・マガジン、クロスビート、CDジャーナルなどの音楽専門誌等に執筆経験がある。2013年4月司法書士登録。大阪司法書士会会員、簡裁訴訟代理関係業務認定。大阪市内の司法書士法人で、債務整理、訴訟業務、相続業務に従事した後、2016年に「はる司法書士事務所」を開設。日々依頼者の方にとって最も利益となる方法を模索し、問題解決に向けて全力でサポートしている。
監修書に『図解で早わかり　商業登記のしくみ』『図解で早わかり　不動産登記のしくみと手続き』『福祉起業家のためのNPO、一般社団法人、社会福祉法人のしくみと設立登記・運営マニュアル』『入門図解　任意売却と債務整理のしくみと手続き』『最新　不動産業界の法務対策』『最新　金銭貸借・クレジット・ローン・保証の法律とトラブル解決法128』『図解　土地・建物の法律と手続き』『入門図解　内容証明郵便・公正証書・支払督促の手続きと書式サンプル50』（いずれも小社刊）がある。
はる司法書士事務所
大阪府大阪市中央区平野町3-1-7　日宝平野町セントラルビル605号
電話：06-6226-7906
mail：harulegal@gmail.com
http://harusouzoku.com

すぐに役立つ
相続法改正対応！
入門図解　相続・遺言・遺産分割の法律と手続き　実践文例82

2018年10月30日　第1刷発行

監修者	松岡慶子
発行者	前田俊秀
発行所	株式会社三修社
	〒150-0001　東京都渋谷区神宮前2-2-22
	TEL　03-3405-4511　FAX　03-3405-4522
	振替　00190-9-72758
	http://www.sanshusha.co.jp
	編集担当　北村英治
印刷所	萩原印刷株式会社
製本所	牧製本印刷株式会社

©2018 K. Matsuoka Printed in Japan
ISBN978-4-384-04797-4 C2032

JCOPY 〈出版者著作権管理機構　委託出版物〉
本書の無断複製は著作権法上での例外を除き禁じられています。複製される場合は、そのつど事前に、出版者著作権管理機構（電話 03-3513-6969　FAX 03-3513-6979　e-mail: info@jcopy.or.jp）の許諾を得てください。